Traugott Giesen

Glaube mit Hand und Fuß

94 Kolumnen

Traugott Giesen wurde 1940 in Bonn geboren. Er ist verheiratet und hat zwei Töchter. Zehn Jahre war er Pastor in Berlin-Neukölln. Seit 1976 ist Traugott Giesen Pastor an der St. Severin Kirche in Keitum auf Sylt.

Weitere Bücher von Traugott Giesen:

Gott liebt Dich und braucht Dich. 366 Worte zum Weiterleben. 192 Seiten, gebunden.

Leben mit Lust und Liebe. Meine Zeit in Deinen Händen. 180 Seiten, gebunden.

Schmerzlich – schön – wunderbar. Alltagsglaube in neunzig Kolumnen. 212 Seiten, gebunden.

glauben heilt. Energie aus dem Glaubensbekenntnis. 176 Seiten, gebunden.

Christsein praktisch. 100 Proben Glaubensmut. 224 Seiten, gebunden.

Vater unser in Ewigkeit. Amen. 42 An-Reden. 200 Seiten, gebunden.

Gebete der Zuversicht. Das Licht geht nach und nach über das Ganze auf. 100 Seiten, gebunden.

Ich kann von Glück sagen. 30 Lockrufe. 208 Seiten, gebunden.

Die Deutsche Bibliothek – CIP-Einheitsaufnahme

Giesen, Traugott
Glaube mit Hand und Fuß: 94 Kolumnen.
Traugott Giesen. – Stuttgart: Radius-Verl. 1994
(Radius Bücher)
ISBN 3-87173-010-6

ISBN 3-87173-010-6
© by Radius-Verlag GmbH Stuttgart 1994
Umschlag: Dieter Kurzyna
Umschlagfoto: Walter Mensch
Gesamtherstellung: Clausen & Bosse, Leck
Printed in Germany

Inhaltsverzeichnis

len, guten Gott, dann findet sich für jeden sein Weg: Holz-
wege, Irrwege, Umwege eingeschlossen. Und wenn man
weiterkommen will, muß man manchmal wenden. Aber
das Leben übt ja kolossal. Und wenn das Unbehagen genügend gesättigt ist, werden wir abbrechen und neu anfangen. Die Frage ist nur, ob wir uns so langwierig quälen
müssen. Können wir einander nicht Zeichen aufstellen für
günstigere Fahrt? Es muß doch auch für den übrigen
menschlichen Verkehr Stauvorhersage und Wegvorschläge
geben.

Der christliche Erfahrungsschatz ist ein unausschöpf-
licher Wissensvorrat. Und »Psychotherapie« heißt zu
deutsch »Seelsorge«. Nichts brauchen wir dringender als
Zuhören und mitfühlendes Denken und freundschaftlichen
Rat. Die Themen liegen auf der Straße. Jede Zeitungslektüre
macht doch entsetzt und läßt am Sinn des Lebens zweifeln.
Gerade die täglichen Meldungen, die genau doch unser
Schicksal auch sind oder sein können, bieten das richtige
Umfeld für handfeste Geistesenergie. Nicht geballte La-
dungen Theorie sollen die Texte liefern, sondern Gedan-
kenhilfe, die wie ein Mantel höflich hingehalten wird.

»Glaube mit Hand und Fuß« in den alltäglichen Proble-
men, Verwicklungen – wer brauchte ihn nicht. Hier ist er
Stück um Stück.

Traugott Giesen

Religion ist Leben

Man muß ja nicht Pastor sein oder Organist. Aber ein Stück Arbeit in Kirche leisten, das stärkt deine Person. Denn Religion gehört zum Menschsein. Pflege von Religion ist Pflicht jedes Menschen.

Du betest doch auch? Jede Wette, daß du dich bei Gott, beim Schicksal, bei höherer Instanz als Menschen jedenfalls bedankst und beklagst, je nachdem. Du glaubst, daß du gewollt bist, nicht nur von den Eltern. Du glaubst dich verantwortlich für dein Leben. Wenn du was Schweres aufgepackt bekommst, fragst du: Warum? Und wenn du im Glück bist, weißt du dich beschenkt vom Urheber des Lebens. Und du willst Rechenschaft geben für dein Hier-Sein, willst es so gut gemacht haben, wie es dir möglich war, wenn du gehst. Und du bist zumindest unsicher, wohin du gehen wirst, wenn du stirbst. Aber daß der Friedhof als Lebensziel wirklich kümmerlich wäre, das weißt du. Und du denkst auch, wir müssen die Schöpfung bewahren, glaubst also auch an eine Macht, die schafft. »Gott« ist ja das Wort für den Willen, der auch dich will. Du glaubst an Gott, auch wenn viele Fragen bleiben. Aber ohne Glauben an Gott gäb's nichts zu fragen und wären wir alle nur ein Witz, eine Laune der Chemie, absurd, verloren, keine Träne, keiner Rede wert. Willst du das glauben? Du kannst es nicht glauben wollen. Das ist dein Menschlich-Sein. Deine Religion macht dich wichtig und das Leben kostbar.

Wer nun müht sich um dies tiefste Anliegen auch von dir, wer erschließt für dich Quellen religiöser Kraft, betet für dich, wenn du zu eilig bist? Du weißt, daß Kirche nötig ist. Du selbst wünschst dir viel mehr Gottesdienst und Seelsorge, Gebet und innere Auferbauung, als du's dir gönnst. Du willst Heimatrecht in Kirche behalten, willst Glied von Christenheit sein, willst dieses Zugehörigkeits-recht nicht wegschmeißen. Und wer in Sekten geht, will nur den schwereren Weg, aus Masochismus.

Mach dich gerade, Christ, steh zu deinem Wissen. Klar, du siehst die Kirche als menschliche Einrichtung, kritisch, völlig zu recht. Dein Inneres ist frömmer, dein Gewissen hellhöriger, deine Seele inbrünstiger, als Kirche das gestalten kann. Du bist enttäuscht, daß bei dir auseinanderklafft dein Gottvertrauen und deine hetzende, ängstliche, druckmachende Lebensart. Du bist selbst kein guter Christ. Darum hättest du so gern eine leuchtende, geistvolle, sprühende Kirche. Und weil sie's nicht ist, willst du der Kirche kündigen. Ach Mensch. Mach so was nicht. Deine Religion braucht Kirche. Und wenn du deine Sehnsucht und ein Stück Arbeit in die Kirche einbringst, kann sie gesunden und deine Seele ein Stück weit auch.

Zeit, dein Kostbarstes

Als ich mal wieder meinte, in Hetze sein zu müssen, sagte mir die alte Dame, die ich besuchte: »Keine Zeit? Ist doch Unsinn. Setz dich hin, dann hast du Zeit.« Und tatsächlich, wenn der Riegel im Kopf mal aufgesprungen ist, erkenne ich mich als Missetäter an mir selbst und anderen, sehe mich Gelegenheiten raffen und aus ihnen Vorteile sammeln, als wär' ich auf der Flucht, ja als wäre heute mein letzter Tag.

Hetze ist doch unverdaute Zeit. Was haben wir nicht alles erfunden, um die Zeit auszupressen wie eine Zitrone: Am Handgelenk den Wecker, der im Viertelstundentakt mahnt: Tu was Neues; Kalender mit Stunden- und Minutenplänen; schnurlose Telefone, um immer am Draht zu sein und andere am Bändel zu halten. Auch lieben tut man sich schnell mit der Uhr im Herzen. Maschinen rentieren sich nicht, wenn sie stillstehen. Halten wir die Maschinen für unsere Vorbilder und rattern am liebsten rastlos?

Vielleicht werden wir erst glücklich, wenn wir endlich im Stau stehen. Nach kurzer Verzweiflung fliegt uns eine heitere Gelassenheit an, eine Euphorie fast: Uns ist alles höheren Ortes aus der Hand genommen. Wir sind nicht mehr schuld, uns sind ja die Hände gebunden. Freigesprochen für eine kleine Ewigkeit. Dann wird's schon weiter gehen, man wird's schon wieder aufholen. Ein Stück Kismet-Glaube bestrahlt uns. Wir fallen in Gleichmütigkeit und belächeln mitleidig die, die noch mit den Fäusten aufs Lenkrad schlagen oder über die Standspur vorwärts hechten müssen.

Der zweite Ort, wo uns Verweilen erlaubt scheint, ist vorm Fernseher. Wie man früher am Feuer saß und sich Geschichten erzählte, so lassen wir uns heute Geschichten vorspielen vom kalten blauen Licht und verdämmern die Stunden. So pendeln wir zwischen Zeitvertreib und Zeitraffen. Verrückt ist das.

Aber wann nehmen wir mal den Zuwachs in uns wahr, der mit der Zeit heranreift? Wann bemerken wir, daß wir uns im Innersten soviel schuldig bleiben durch Pflichten und Eile? Uns rauscht die Zeit im Sturzbach dahin wie beim Tanken. Die Stunden unseres Lebens rattern über den Kalender wie die Leuchtziffern der Benzinuhr. Aber nur so lange, bis uns der Schlag der Erleuchtung trifft. Ein Unfall, und es ist Stille. Eine Krankheit, ein großes Verlieben, ein brennendes Gewissen, eine weite Reise, stundenlanger Flug über den Wolken unter den Sternen – dann kann uns die Gnade zuteil werden, im Augenblick ganz dazusein. Dann genießen wir ein unermeßliches vollständiges Jetzt. Wir können uns Zeit lassen, können uns der Zeit überlassen. Nichts zerrt an uns, wir sind getragen, sind wirklich mal in der Zeit, sind im Glück des Zeithabens. Und leben statt zu funktionieren, müssen nichts, dürfen sein, dürfen einfach ganz da sein.

Wenn man keinem mehr fehlt

Die »Morgenpost« vom 19. März meldet versteckt, was beschämt: »Eine 84jährige Frau saß etwa zweieinhalb Monate tot auf ihrem Balkon, ehe sie jetzt von einer Nachbarin gefunden wurde. Die Polizei vermutet, daß die Frau beim Betrachten des Silvesterfeuerwerks gestorben ist.«

Das ist zum Verzweifeln: Keiner hat sie vermißt. Keinem war sie mehr wichtig. Und so sitzt da ein Leichnam und wartet auf seine Beerdigung. Das ist Horror, ist Hölle hier. Kann das auch mir mal angetan werden? So sticht die Meldung doch ins eigene Herz. Und du spürst dein Lebendigsein, dein Liebenwollen, Geliebtseinwollen mächtig.

Viele sind Mittelpunkt eines sozialen Netzes, vielgefragt, begehrt. Sie sehnen sich, mal nicht erreichbar zu sein. Andere haben wenigstens einen treuen Kameraden, der mit ihnen die Kammer teilt. Viele hetzen von Treffpunkt zu Treffpunkt. Andere gehen im vertrauten, kleinen, verläßlichen Kreis. Aber über Nacht kann's einen herausschleudern. Man gleicht dem Blatt, das ein Junge mit Stock vom Zweig herunterschlägt. Man ist vereinzelt. Durch Krankheit, Verschuldung, Vertreibung entwurzelt. Man ist allein und könnte ebensogut jedweder andere sein. Wenn man Glück hat, informiert einer die Polizei: Dann kommen solche Durchsagen: »...irrt orientierungslos umher und bedarf dringend ärztlicher Hilfe.«

Einsamkeit ist allermeist unauffällig, kommt schleichend; ist Wüste, die wächst. Gemeinschaft, Nähe, Gespräch gibt man auf aus Kraftlosigkeit oder weil man anderen nicht zur Last sein will. Man macht sich unsichtbarer, zieht sich aus dem Verkehr. Es wird einem die Ehe, die Freundschaft, die Wohnung, die Arbeit gekündigt oder man kündigt selbst, bricht das Vorige ab, läßt sich langsam zuschütten vom Gleichmaß, kommt sich selbst abhanden.

Wer nicht sucht, wird bald nicht mehr gesucht. So ist das harte Gesetz des Lebens. Es sei denn, wir haben ein Stück Evangelium im Leib, Zuneigung zum Leidtragenden. Ein Quentchen Kraft, mitzufühlen – eine Kraft, die im Fremden sich selbst gespiegelt findet. Doch, diese Spur Verantwortung für das Existenzminimum des anderen dürfen wir uns nicht abhandeln lassen. Wenn wir mal riefen, kam auch einer. Unbekannte sprangen mir/dir bei. Der Bettnachbar im Krankenhaus verstand dich. Am Unfallort, sie eilten dir zu Hilfe. Bleiben wir aufmerksam. Wir hüten im anderen auch unser Recht zu leben.

»Das kann große Wunder wirken, große Erleichterung schaffen, wenn man sich kurz vor dem Zubettgehen noch einmal als sprechender Mensch bewährt hat.« (Botho Strauß) Wer ist dein Mensch, der wegen dir nicht Opfer seiner Wortkargheit, seiner Selbstzweifel werden muß? Wem brichst du sein verqueres Schweigen? Allein ist man immer in schlechter Gesellschaft, jedenfalls wenn man's zu lange ist.

Heute abend schlafe gut

Nach einer schlechten Nacht kann uns niemand recht ausstehen. Zerrütteter Schlaf höhlt uns aus. Dann trägt's in uns geräuschlose Kämpfe aus, wir sind Schlachtfeld und Täter und Opfer zugleich. Geschlagen stehen wir auf, niederschmetternd beginnt der Tag. Wir brauchen die Nacht, die Schutz und Hafen ist.

Wohl eins der wundervollsten Wunder ist der Schlaf. Der Geist überläßt sich dem Körper und dieser der Nacht. Wir strecken uns aus und dürfen alles lassen. Wir geben uns und andere aus der Hand, liefern uns aus dem Leben, wie es ist. Wir kehren den Forderungen den Rücken, schmiegen uns an die Erde, lassen alles sein, lassen alles gut sein, wie es steht und liegt. Ein Drittel unserer Zeit sind wir weg, sind eben nicht ganz da, sondern über die Dörfer, ziehen mit den Wolken, wer weiß wohin.

Ja, es ist schon ein kleiner Tod, in den wir täglich eingetaucht werden. Die Nacht lehrt uns das Entschlafen aus der Weite ins Enge, aus dem Hellen ins Dunkle, aus der Vielheit in das Eine. Wir sinken in eine Fülle der Ruhe, kehren heim in ein gutes Ganzes.

An den Übergängen kann uns viel einleuchten. Beim Einschlafen, beim Aufwachen, an den Rändern von Tag und Nacht mischen sich Bewußtsein und Natur: Im Halbschlaf verarbeiten wir den alten und üben den neuen Tag. Ein Puzzle von Ängsten und Kraftfeldern spielt sich in uns ab, und wenn wir gut schlafen, rüttelt's sich in uns zurecht. Wir erleben im Traum Vergebung, wagen Neuanfänge, werden nach Höllenfahrten zum Tanz geführt.

Guter Schlaf ist Gnade, ist Geschenk. Aber willst du beschenkt sein? Oder siehst du dich als Macher und Wächter und Zwinger deines Geschicks? Wenn du keinem traust als dir selbst, dürftest du überhaupt nicht schlafen. Wenn du alles unter Kontrolle haben willst, mußt du den Schlaf fürchten. Raubst du dir den Schlaf?

Ja, es gibt stechenden Schmerz, Trauer, tiefes Verletztsein, was uns nachts wachschreit. Aber du glaubst das: Du bist für den Tag da. Doch die Nacht ist für dich da. Schlaf gut heut' nacht.

Helfen zu leben

Selbstmord ist die furchtbare Freiheit der Hoffnungslosen.
Nichts daran ist wirklich freier Wille. Alles ist Verzweiflung, ist Horror, ist Qual. Sich selbst abschaffen kann
nur, wer es muß. Er hat keine Freiheit mehr, dem Leben
Gefallen abzugewinnen. Darum ist »Freitod« ein verloge-
nes Wort. Wer sich loswerden will, steht mit dem Rücken
zur Wand, sieht sich schon hundertmal aus dem Leben ra-
diert, verneint, ermordet. Wer sich so leid ist, daß er sich
nicht mehr ertragen kann, vollzieht nur, was er über sich
verhängt sieht. Das ist keine Freiheit, kein Mut. Das ist nur
Katastrophe, Jammer, Schuld von vielen.

Auch ich bin dankbar, nicht leben zu müssen, sondern
leben zu dürfen. Ich bete darum, neugierig zu bleiben und
gemeinschaftsfähig und an Farben, Formen, Klängen interessiert – bis all meine Kraft und Lust aufgebraucht sind,
alle Energie sich verwandelt hat in Lebensgedeihen. Ich
setz für mich darauf, daß mir einmal die Seele fortgeküßt
wird, wenn ich lebenssatt bin. Gut kann ich mir denken,
auch mal der Güte und Fürsorge anderer wieder anvertraut
zu sein und nichts mehr zu haben, womit ich bezahlen
kann. Ich hoffe nur, ich kann dann noch danken dem Hel-
fenden mit wortlosem Lächeln.

Wenn Schmerz unerträglich wird trotz langem Training,
trotz aller dämpfenden Medikamente, dann, wenn ich
dann nicht mehr können sollte, werde ich, denk ich mir,

nichts mehr essen und trinken. Und wehe dem, der mein Sterben verlängert. Aber Anweisungen zu treffen für diesen Fall, mir Helfer zu sichern für den Fall, das scheint mir eine irrige Vorsorge. Sie könnte geradezu typisch sein für Lebensverweigerung, für Mißtrauen und Herrschen und Zwingenwollen – was jetzt die Todesstreifen mitten ins Leben zieht.

Einem anderen zum Selbstmord helfen sollen – das ist wohl die schwerste Entscheidung, die überhaupt einem Menschen aufgegeben sein kann. Ist denn alles versucht worden, ihm neue Chancen zu eröffnen? Es kann doch nicht so laufen, daß man sich einen Zyankaliboten bestellt, der die ordnungsgemäße Übergabe sich quittieren läßt und wieder geht.

Ich muß mich fragen: Hab' ich mich geduldig, zäh, treu um sein Lebenwollen bemüht? Hab' ich ein Besuchsteam ihm zusammengeholt, ihm einen Hund besorgt, mit ihm eine Reise getan? Hab' ich ihm geholfen, seine Seele zu öffnen, daß er sein Verletzt- und Verratensein in großem Wortstrom erbrechen kann? Hab' ich ihm den Menschen beigebracht, mit dem er eine Schuld zu begleichen hat? Hab' ich ihn abzulösen versucht von dem Krododil, das ihn zerfleischt: Leben ohne Arbeit sei wertlos? Liebe ich diesen Menschen, hänge ich mich an ihn, daß er über die Nacht kommt, diese und die nächste? Vielleicht kommt ihm ja doch noch ein guter Tag.

Das alles und mehr muß ich mich fragen. Und muß beten, daß ich zum Leben helfe. Mehr nicht. Weniger nicht.

Willkommen, Frau Bischöfin!

Maria Jepsen ist gewählt. Die Synode hat den Kraftakt geschafft: die erste evangelisch-lutherische Bischöfin auf dieser kleinen Erde. Die einzige Sensation dabei: Es ist noch immer eine Sensation, daß endlich gelang, was längst normal zu sein hätte. Ein Mensch mit Leitungsgaben soll Kirche leiten – ob Frau oder Mann, das ist so unwichtig wie die Haarfarbe. Gott schuf den Menschen nach seinem Bild als Mann und Frau. Frau und Mann sind gleichwertig, gleich würdig, gleich geliebt und verantwortlich gemacht fürs Gelingen des Lebens. Daß Jesus ein Mann war, traf sich halt so. In der Parallele zum geliebten Volk Israel, das »Tochter Zion« heißt, hätte er auch gut Frau sein können.

Aus Jesu Mann-Sein ein Vorrecht der Männer zu konstruieren, ist völlig absurd, ist nur üble Gewohnheit. Darum ist es ein Dankfest wert, daß Kirche endlich eine Frau ins Bischofsamt beruft. Und die Nordelbische Kirche hat das Glück, innerhalb von zwei Jahren drei Bischofsposten neu zu besetzen. Wenn's jetzt und hier nicht gelungen wäre, wäre das Skandal gewesen.

Denn der Mitbewerber war auch gut, aber nicht deutlich besser. Die Begabungen beider halten sich wohl die Waage. So ist die Wahl von Maria Jepsen keine Absage an Helge Adolphsen, ihm sei Dank für seine Kandidatur, sondern eine Bischöfin ist längst fällig gemessen am Evangelium von Gottes Liebe zu Frau und Mann, fällig auch, um die Gleichstellung in Kirche und Gesellschaft zu fördern.

Frau Jepsen hat genug Begabungen, um Kirche mitzuleiten. Wir sind ja nicht katholisch, wo von Rom und Bischof aus ein strenges Regiment herniedergeht.

Das evangelische Bischofsamt ist mehr präsidial als kanzlerhaft. »Hirte der Hirten« soll der Mensch an der Spitze sein. Ob Mann oder Frau ist egal, Hauptsache geschwisterlich, fürsorglich, wach, fromm, intelligent und lernfähig. All diese Qualitäten bringt Frau Jepsen ausreichend mit. Und sie hat einen wunderbaren Menschen zur Seite, ihren Gatten Peter, der Manns genug ist, ihr den Vortritt zu lassen und doch sie zu stärken und zu trösten.

Trost wird sie nötig haben. Bischof ist ein harter Beruf. Zu viele erwarten von ihr die Wahrheit. Dabei kann auch sie sich nur der Wahrheit hinhalten. Viele werden sie vor ihren Karren spannen wollen. Dabei soll Kirche Segel hissen, daß Heiliger Geist das Schiff der Gemeinschaft vorwärts bringt. Maria Jepsen hätte sagen können: »Lieber in Harburg geliebt als in Hamburg gekrönt.« Aber sie wurde gerufen, fühlte sich berufen, jetzt ist sie gewählt. Jetzt bleiben Sie behütet und machen Sie's gut.

Komm zu dir

Was ist eigentlich dein Ding? Ganze Wochen verfliegen am laufenden Band. Du funktionierst, du rotierst und rödelst und rührst in vielen Töpfen. Du gehorchst allen möglichen Rufen. Du bist für manchen unverzichtbar. Anderen stehst du zur Verfügung. Aber du selbst, was willst du? Fühlst du dich überhaupt noch als eigenständiges Ich? Oder bist du aufgesogen von Firma oder Familie, von einer Gier verheizt, von einem ausgenommen?

Doch, du spürst noch deine Leere. Wenn Stille über dir zusammenbricht, wenn Träume dich entfesseln, wenn die große Wut dich packt über die verlorene Zeit, dann merkst du dich bedürftig. Und das ist deine Chance. Diesmal dröhn dich nicht voll, schling dich nicht voll, trink dich nicht hinüber, flieh nicht in gute Taten. Setz dich hin und berate mit dir.

Was ist Deins? Widme dich dir. Merke auf dich. Fühl dir nach. Nimm die Spur wieder auf, dein Glück dir auszumalen. Nimm dich ernst, endlich achte dich. Du hörst damit auf, dir vorzumachen, du seiest für andere da. Du gehörst auch zu anderen, aber zuerst bist du für dich zuständig. Zuerst bist du dazu da, daß du heute abend und nächstes Jahr und zu guterletzt danken kannst für Deins.

Und du hast Kraft zu wollen, wenn du weißt, was du willst. Aber was willst du? Wenn du fernsehen willst, tu es. Wenn du die Eltern besuchen willst, tu es. Aber nicht, weil dir nichts anderes einfällt. Lerne zu tun, was du willst. Prüf das, fang beim Fernsehen damit an. Glotz nicht aus Gewohnheit oder weil du zu träge bist, mehr zu wollen. Sieh fern, wenn du das jetzt willst. Aber sonst halte lieber eine Spanne aus und überleg, was jetzt dran ist.

Wenn du Freunde suchst, such sie. Such sie wirklich. Entwickle Phantasie dafür, und mach dir Mühe damit. Wenn du Ordnung willst, ordne. Wenn du Fortbildung willst, bilde dich. Will endlich Deins. Und wenn die Umstände nicht dazu angetan sind, dann ändere sie, zäh, behutsam, unerschütterlich.

Mach Bilanz. Prüf deine Pflichten und Freuden. Denk nach, wie du die Gewichte verschieben kannst. Sortier, was dir wichtig ist. Ja, auch, wie wichtig du für andere bist. Das gehört zu deinen Aktivposten: Du willst auch nötig und wichtig sein für andere. Aber prüf, was dir davon bleibt, trau dich hinzuschauen, gesteh dir deine Täuschungen, werde ehrlich. Finde zu deinem Maß, komm zu dir, es ist dein Leben.

Er wollte es wissen

Jesus ging ja nicht leidensdurstig ans Kreuz. Er wollte aus-
loten, wie weit man mit Gottvertrauen kommt. Dieser Lei-
denschaft diente er, koste es ihn, was es wolle. Er, der pas-
sionierte Kundschafter der Freude, wollte Gott ausfindig
machen, bis zum äußersten. Die anderen dachten ja, Gott
ende, wo die Sünde, wo Krankheit und Tod beginnen. Jesus hält dagegen: Gott trennt sich nicht von Sündern,
Krankheit entreißt nicht dem Sinn, Leid ist von Gott
durchflochten, Tod ist Heimkehr – ich will's erfahren und
besiegeln. So lebte er mit Ganoven, entdeckte ihre Sehnsucht: Gerade sie wissen, was das Gute ist, weil sie es so
entbehren. Er heilte Kranke, weil er sie nicht für schuld
hielt an ihrem Mangel. Er lud Leid auf sich, statt es abzuwälzen. Er nahm den Tod an als Wegstück zum Leben.

Jesus wollte wissen, wie weit Gottvertrauen trägt. Es
trägt in schlechte Gesellschaft. Wer sich nur selbst vertraut,
muß Sünder meiden und sie allein lassen, muß Ehrenmann
spielen, Verachtung wäre ja hinderlich für gute Geschäfte.
Aber Jesus vertraut der Liebe, nicht dem guten Ruf.

Und er hielt Gottvertrauen und Krankheit zusammen.
Er flößte den Beladenen eine Würde ein, von der Gesunde
keine Ahnung haben: Die in Not, die in Krankheit tragen
die Defekte der Schöpfung. Sie sind die Hoffnungsvoll-
sten, die Gottbedürftigsten und darum der Heilung näher
als alle Gesundheitsapostel.

Jesus sieht Gottvertrauen und Leid verwandt. Die nicht leiden, brüsten sich und behaupten, jeder sei des eigenen Glückes Schmied. Aber ihr Fall ist schon programmiert. Denn leidlos bleiben wir Klötze, bleiben schwachsinnige Halbstarke. Erst Leid macht uns erwachsen.

Und der Tod, reduziert er uns auf Null? Macht er mit uns einfach nur Schluß? Jesus stirbt in Gott hinein. Da setzt er drauf.

Ob der Grund der Welt uns trägt, das wollte Jesus erproben. Und Gott hat die Prüfung bestanden. Seitdem hat das Leben das Qualitätssiegel »gut«. »Gut« inklusive Sünde, Krankheit, Leid und Tod. Das ist es, was Gott durch diesen Menschen der Nachwelt zurufen läßt. Und jede Hoffnung über den eigenen Tellerrand hinaus ist ein Atemzug des Jesus-Vertrauens, quer durch Konfessionen, Nationen, Situationen. Weil Jesus die Liebe lebte bis in den äußersten Tod, ist der Glaube an die Liebe wahr. Und du weißt es. Selbst wenn du wie irre dagegen anlebtest.

Wir könnten den Friedhof retten

Es greift einen ans Herz, zu sehen, wie die schwarzgewandeten Juden mit Gebetsbüchern die Baugrube zuschütten wollen. Ihr bitterer Ernst verstört uns aufgeklärte, abgebrühte, verwahrloste Christen. Der Hilfeschrei der Orthodoxen könnte uns ein Lehrstück in Toleranz abnötigen, das uns ehren würde, weil wir ihren Schmerz ehren.

Oberflächlich ist das Grundstück in Hamburg-Ottensen eine abgeräumte Baustelle, bereit zur Erstellung eines neuen Einkauszentrums. Aber im Grunde ist es ein Friedhof, von den Nazis geschändet und eingeebnet, nach 1945 von den zu Tode erschöpften wenigen Überlebenden der jüdischen Gemeinde verkauft, schließlich bebaut und jetzt für eine neue Bebauung freigeräumt.

Rechtlich ist alles korrekt. Aber »man sieht nur mit dem Herzen gut«, sagt der Kleine Prinz und beschreibt damit den Freiraum, der nicht erzwingbar, aber so sehr nötig ist.

Die jüdischen Frommen glauben, daß der menschliche Körper und die Seele, der Personenkern, auf geheimnisvolle Weise ineinandergetaucht bleiben bis zum Jüngsten Tag. Darum lassen strenggläubige Juden jedes Grab unberührt. Niemals hätten sie einer andersweitigen Nutzung zustimmen können. Sie bitten uns, mit dem Herzen zu sehen, bitten um unsere Mithilfe. Doch wer hat den Elan, die Phantasie, die Power, den Kaufpreis zusammenzubringen? Für soviel Unnötiges werden Aktionen gestartet,

Kampagnen losgelassen, soviel Gehirn wird für Schwachsinn mobilisiert. Wer hat den richtigen Apparat und startet die Aktion: »Treue den Treuen« oder »Versöhnungspark Ottensen«? – Die Evangelische Kirche Nordelbien würde mitmachen, die katholischen Geschwister auch und der Senat und Bonn. Und die jüdischen Gemeinden. Und die Erben der Vermögen, die im Dritten Reich arisiert wurden. Und die Israel-Reisenden, die in Jerusalem die todesbereite Würde der Orthodoxen anstarrten. Und die Anlieger und weitere Nachbarn in Ottensen erst recht, die einen Ehrenpark viel lieber hätten als den Neubau. Und ich wär auch mit einem guten Schein dabei.

Die Männer in Schwarz mit Schläfenlocken stochern mich auf. Ich möchte ihrer Überzeugung Raum lassen, auch wenn ich sie nicht teile. Ich möchte damit auch stellvertretend für meine Eltern Schuld abtragen und die Menschen jüdischen Glaubens um Vergebung bitten für das Grauen, das Christen verursacht haben. Sicher: Viele Schauplätze schreien nach Umkehr und Versöhnung. Lebende fordern Brot für die Welt. Aber Tote ehren ist auch Leben. Und Ottensen ist nah. Ein Ort des Verzichts auf Geschäfte, ein Ort des Gedächtnisses wäre eine Oase für unseren geistigen Kräftehaushalt und Signal, daß wir noch mehr können als Geld verdienen. Aber welcher wache Mensch hilft uns zu wollen?

Arbeiten müssen und dürfen

Die jetzt für 5,4 Prozent Lohnerhöhung streiken, haben ja recht. Denn die Regierenden folgten dem Schlichter nicht, den sie selbst anriefen. So säten sie Wind, wir alle ernten den Sturm. Sicher, den Spitzenverdienern im öffentlichen Dienst könnten 4,8 Prozent genügen. Aber die 30 Mark, die zu 2000 Mark brutto hinzukommen, als Lappalie abtun, das ist borniert. 0,6 Prozent mehr ist für die Altenpflegerin und den Briefträger ein Stück Freiheit mehr. Ob Kinobesuch oder der Familienausflug, der sonst unterbleiben müßte. Der abgelehnte Schiedsspruch wäre tauglich als Paukenschlag für eine Abschiedssinfonie von den fetten Jahren. Aber so, ohne umfassendes Sparkonzept mit schmerzlichen Schnitten für die Wohlhabenden, ist das Nein der öffentlichen Hand nur biestiger Nadelstich gegen die Gewerkschaften.

Dabei brauchen wir doch akzeptierte Gewerkschaften dringend. Nur wenn sie stark sind, können sie den nötigen, den weiten Horizont gewinnen, auch für die Arbeitslosen sich zu mühen. Aber jetzt wird die Gewerkschaft wieder zum Lohnkampf-Power-Play zurückgezwungen. Und die Arbeitslosen bleiben wieder alleingelassen. Und sie können nicht streiken.

Unserer Gesellschaft geht die bezahlbare Arbeit aus. Sie wird zu teuer. Die handwerklichen und pflegenden Berufe müssen hetzen, um die Kosten zu senken. Wo möglich, wird automatisiert. Maschinen werden so konstruiert, daß sie sich selbst bedienen. Diesen Maschinen angepaßte Arbeiter müssen fast schon Ingenieure sein, begabt mit der sprungbereiten Trägheit eines Cowboys: fähig zu warten, bis der Störfall da ist. Die Spezialisten werden teuer bezahlt. Aber viele Normalverdienende werden ausgelaugt, und wenn sie dem Druck nicht mehr genügen, freigesetzt.

Freigesetzt – ein böses, ein hämisches Wort, das die ganze Ratlosigkeit in Sachen Arbeit aufdeckt. Denn nicht gebraucht werden, ist nicht Freiheit, sondern ein Stück Tod mitten im Leben. Selbst wenn das Verhungern durch Almosen verhindert wird, ist dies »Wir brauchen dich nicht« tagtägliche Prügelstrafe. Alle Achtung denen, die sich weiter anbieten und bücken und noch mal und wieder noch mal klein anfangen. Und Anerkennung auch denen, die Menschen in Arbeit bringen. Dazu braucht's Phantasie, Organisationstalent, Wissen, Kapital und eine feine Nase, was gebraucht wird. Und zu ehren sind auch die freiwillig Arbeitslosen, die schauen und nachdenken und mit wenig auskommen. Pioniere aber für die Arbeit, die jetzt ansteht, sind die ehrenamtlich Tätigen in Vereinen, Nachbarschaft und Kirche. Die knüpfen das Netz der Verbundenheit ohne Entgelt. Sie tun Notwendiges in Freiheit.

Am Abend jung

»Alt am Morgen und am Abend jung«, ist der Titel eines frischen Buches. Vortrefflich beschreibt er eine andere Art zu altern. Wenn wir auch körperlich knochig werden sollten, jedenfalls innen könnte die Uhr anders laufen. Das Poster vom alten Einstein: kluger Kopf mit rausgestreckter Zunge – wäre doch das richtige Heiligenbild für die späten Jahre. Nach viel Lernen und Schuften, nach Kämpfen, Erfolgen und Niederlagen jetzt endlich bei sich selber ankommen, sich endlich annehmen und mit sich ins reine kommen, endlich frei werden.

Die Schlachten ums Anerkannt-Werden sind geschlagen, die grellen Szenen sind belächelbar. Das Herz wird voll Vergebung und Verständnis. Und es wird Zeit, sich gut zu sein und andern. Kein Rivalisieren mehr, keine Neid- und Haßintrigen, kein Sich-Anpreisen, keine Pflichten mehr, andere zu versorgen. Endlich darf man enttäuschen, darf ehrlich werden, kann mit wenigem auskommen. Und wenn morgen die Welt unterginge, hat man ein paar Apfelbäumchen gepflanzt. Auch die vielen Formen der Liebe hat man durchschritten und reist jetzt mit leichtem Gepäck. Aus dem Schatz der Erinnerung kann man sich die leuchtenden und die schwarzen Erlebnisse vorspielen. Die garstigen Verletzungen verblassen. Die schimmernden Freuden aber werden farbiger. Ihr Nachgeschmack treibt an zu Aufbruch und Wiederfindelust.

Jetzt, wo Zeugung und Sozialstatus nicht mehr zur Debatte stehen, kann auch das Verlieben leicht gelingen. Nicht mehr als Auftakt für Ehe oder Ähnliches, sondern als gelebte Freundschaft, als Glück im Hier und Jetzt, als Fest, wie kurz oder lang auch immer. Und man muß sich nicht mehr zieren, kann schenken und beschenken, so daß die Linke nicht weiß, was die Rechte tut, also ohne Kontrollieren, ohne Berechnung, ohne Besitzansprüche, ohne Fragen. Außer sich und ganz bei sich, von Sinnen und ganz bei Trost. Dann fragt man erstaunt: Wie alt mußte ich erst werden, um endlich jung zu sein?

In der Frühe des Lebens ist vieles Übermut, Kräftemessen, bewußtloses Zwingen. Später dann ist der Kampf dran um Gerechtigkeit und Würde, Revier bestellen und das Ringen um abgestimmte Übereinstimmung. Und im Alter? Wenn uns doch Zeit bliebe zu werden wie die Kinder! Sorglos, abenteuerlich, lustvoll, neugierig, unendlich dankbar. Alter kann versteinern oder verklären. Die späten Freuden aber sind die schönsten. Sie stehen zwischen anstrengender Sehnsucht und kommendem Frieden.

Abschied vom Kaufzwang

Da staunte der Verkäufer nicht schlecht, als die Käuferin der Laufwunder-Schuhe ihn bat, doch die Firmenmarke abzutrennen. »Andere kaufen sie wegen dieses Schildchens«, ermahnte er und führte scheu die Schere, als schnitte er in Lebendiges.

Schon immer schmückten Menschen sich mit fremden Federn, behängten sich mit Gold oder Bernstein, wenn sie konnten. Heute eben mit der Wetterjacke, die »in« ist, oder den edlen Jeans-Klamotten, die gerade die Prestige-Skala anführen. Schon immer traute sich der Mensch schon nicht bloß mit sich selbst unter die Leute. Sondern kommt gern aufgeputzt oder bewaffnet, geschminkt oder in Uniform. Wir meinen Eindruck machen zu müssen. Abschätzige Blicke fliegen schnell. Und tatsächlich: Längst bevor man sprachlich etwas von sich mitteilen kann, hat des anderen Gehirn schon auf Sympathie oder Abwehr geschaltet. Im Vorfeld der Wahrnehmung werden die Gesten und Zeichen abgefragt: Paßt der zu mir, ist er bedrohlich oder vielversprechend, fremdartig oder mir ähnlich. Und die verabredete Mode, die übliche Aktentasche, das richtige Auto können helfen, daß man näher treten darf.

Aber wer meint, mit den richtigen Sachen auch der richtige Mensch zu werden, der ist belogen. Gerade die mit dem hochaktuellen Zeug wissen von sich selbst, daß es Tarnung ist und Lockmittel. Sie argwöhnen den Einschleicher, den hinter seiner Schale Leeren. Sie hoffen insgeheim auf den Überraschenden, der wagt, als er selbst zu erscheinen.

Vierzehnjährige haben noch ein so schlingerndes Selbstbewußtsein, daß sie die Clique und deren Markenzeichen brauchen. Aber mit 18 oder wenigstens mit 28, jedenfalls ab 48 sollten wir zu einem Selbstbewußtsein aus Gottvertrauen und eigener Fähigkeit gefunden haben. Dann sollten wir die Abhängigkeit von den geheimen Verführern wieder losgeworden sein, sollten den Einflüsterungen für diesen Turnschuh oder exakt diese Tiefkühlkost ein kaltes Abwägen von Qualität und Preis entgegensetzen. Innen wissen wir doch, daß Sachen und Marken uns nicht Würde oder Wert verleihen.

Einiges ist notwendig, vieles angenehm. Aber Prassen und Protzen an der Dressurleine der Werbung macht schwachsinnig. Und was wir unseren Kindern antun damit, daß wir ihnen per Fernsehen die irren Süchte nach genau diesem Schokoriegel und genau jenem Zeichen einbrennen – es ist böses, glühendes Mißhandeln.

Du kannst aufhören

Ja, es gab Zeiten, da wolltest du dich einfach los sein. Die Alternative wäre noch Schlimmeres gewesen. Es war dir zum Ins-Wasser-Gehen, statt dessen trankst du bis zum Ertrinken: Du soffst dir das Bewußtsein weg. Wenn du schon den neuen Tag über dich niederbrechen sahst, schüttetest du dich dicht. Die Tage schoben sich wie Watte ineinander. Und das ging so weiter und geht so weiter, bis du gegen die Wand knalltest. Stell dir vor, jetzt bist du vor der Wand, ein Blitz reißt dein Denken auf: So nie mehr. Nie, nie mehr.

Du kaufst dir einen Laib Brot und einen Kasten Selters, setzt dich in die Natur, mit weitem Blick, möglichst einen Baum im Rücken. Und schläfst und denkst, schläfst und denkst, sortierst dein Leben, ermittelst Deine Bestände, wägst deine Liebe, sichtest deine Talente. Trau dich, dir Aufklärung über dich zu verschaffen. Du erbleichst, willst wegtauchen. Gut, schlaf ein. Aber dann wachst du wieder auf, ißt und trinkst. Der Duft des Brotes, das klare Wasser – Du hast den ersten Schritt einer weiten Reise getan. Nichts, was dich stinken macht, nahmst du zu dir, sondern reine Wahrheit: Wasser und Brot und Schlaf, bis du nüchtern dir begegnen kannst. Und du siehst deinen Film, nein, wohl nur Bilder, Splitter aus Kindheit und Später. Du siehst dich einsam unter Lachenden, weinend unter Grölenden, angstzerrissen vor Gewalt. Aber auch die Lichtblicke, die Lasten, die Freundschaften, Strecken von Arbeit und Knäuel von Glück, als du's mal gut hattest. Dir scheint dein Leben ein Haufen Fäden, kein Muster, keine Gestalt, kein Gewebe mit Halt. Du schläfst wieder weg, ein Traum jagt dich hoch. Du siehst dich. Einen Faden in der Hand haltend, an dem du dich vorwärtstasten kannst. Bleib noch sitzen, brich nicht ab. Nimm ein Stück Brot, mahl es lange, zähl die Bissen, schmeck, wie die Nahrung anders schmeckt, von Mal zu Mal, und alle Genüsse übersteigt: Du lebst, du spürst, du dankst für diesen Augenblick offenen Himmels. Du schnupperst eine Fährte zum Besseren. Du staunst über dich merkwürdigen Menschen, der doch sein soll. Nur, wie ist die Frage.

Hast du diese Frage klar vor dir? Wie sollst du, wie willst du sein? Küß dir die Fingerspitzen. Du bist im Kommen, kommst zu dir selbst. Da ist ein Kern Gewißheit: Du taugst; Gott, das Leben, hat dich nicht von sich gestoßen. Obwohl du auf Teufel komm raus geaast hast mit deinem Körper, dich häßlich gemacht hast, Vertrauen in die Asche tratest, geheime Kräfte haben dich eine Handbreit überm Chaos gehalten. Die Probe hast du doch mit deinem Saufen immer wieder auf die Spitze getrieben: Ob du unterm Schutz guter Mächte stehst, wie zerstörerisch du auch hantierst. Und jetzt nimm Brot und Wasser als Abendmahl, als Speise zum Aufbruch, geh an die Arbeit, du selbst zu werden, heute, jetzt.

Kränkungen meiden, verstehen, kontern

Wir lechzen ja nach Anerkennung und Bedeutung, oder wir haben die Nase voll von Menschen, weil wir zu oft verletzt worden sind und machen dicht und wollen uns nicht mehr berühren lassen. Ehre ist ein knappes Gut. Man kann sie vermehren, wenn man sie teilt. Man kann sie verknappen, indem man sie wegnimmt. Nicht grüßen, absichtlich den Kreis enger schließen, wenn einer hinzutreten will, Vertraulichkeit zur Schau stellen, für Geld andere springen lassen, einen versetzen – das Gesellschaftsspiel der Ehrabschneidung dreht sich rasant.

Die ganz normale Achtung von Mensch zu Mensch ist leider nicht die Norm. Wir achten ja immer mehr oder weniger. Eigennutz ist immer dabei. Warum drängt man sich zu Prominenten? Weil ein bißchen Glanz doch auch uns streifen soll. Warum hält man die einen sich warm, läßt die anderen links liegen? Warum schreibt man dem einen aus dem Urlaub und den anderen nicht und vergißt gerade den Geburtstag nicht, aber andere läßt man sausen? Wir haben Angst, auf unsere eigene Ehre zu setzen. Darum suchen wir Verbündete, pflegen Beziehungen, wollen uns andere verpflichten, wollen Anerkennung stapeln, uns Recht auf Vorzugsbehandlung sichern. Haben wir aber nichts, wovon andere sich Vorteile versprechen, dann kann man leicht als Blitzableiter für Wut benutzt werden oder als Opfer von Gedankenlosigkeit.

Überhaupt benutzen wir ja andere leicht, um eigene Kränkung abzuwälzen. Wir wollen so gern die Schwarzen Peter loswerden, ob Schuld oder Schulden, schlechte Laune oder schlechte Ware. Und wer uns frech kommt oder dumm, der kommt uns gerade recht.

Wenn wir können, sollten wir defensiv mit Kränkungen umgehen, sollten sie abfedern mit Humor, der Heilkraft sondergleichen. Auch Höflichkeit, Geduld, ein Stück Verständnis lindern sehr. Wer kränkt, ist doch selbst mit sich uneins. Er braucht dann wohl seinen Schluck Fiesling. Hältst du ihm dann noch deine andere Wange hin, kann es glücken, daß er stutzt und vor Schreck vernünftig wird. Aber auch die andere Variante kann helfen. Setz ihn auf den Pott, laß ihn stehen, brüll mal gezielt zurück. Vielleicht wacht er auf aus seinem Veitstanz. Jedenfalls bist du nicht das Nadelkissen für die Piekser der Welt. Du hast auch deine Ehre. Laß dich nicht bestechen, keiner hat dich in der Hand. Du kannst noch ganz anders, kannst noch mal neu anfangen. Und wenn du mit einer Plastiktüte voll davongingest. »Lieber im Wald bei einer wilden Sau als bei einem garstigen Menschen«, steht in der Bibel. Aber auch: »Ein Geduldiger ist besser als ein Starker.«

An verwaiste Eltern

Ihr hattet ein Kind Gottes zu Gast. Es war euch geliehen, es hatte auf euch ein Recht. Ihr habt dem Kind von eurer Lebenskraft gegeben, habt gezeugt, getragen, geboren, gestillt, gesorgt, beschützt so gut ihr konntet. Und ihr wart Beschenkte, wart gewürdigt, ein Teil von des Lebens Verlangen nach sich selber wachsen zu sehen. Ihr habt ihm Vertrauen ins Hiersein gedolmetscht, ihr habt es bestätigt, daß es gut ist. Ihr habt ihm zu Selbstvertrauen verholfen und es die Regeln des Lebens gelehrt. Ihr habt gegeben was ihr konntet, nicht jederzeit das Beste, aber immer das euch zur Zeit Mögliche. Ihr habt mit ihm geteilt. Und das Kind hat mit euch geteilt: seine Schmerzen, seine Freuden, seinen Elan, seine Lust. Es hat an euch Sprache gelernt und ihr an ihm das Zuhören. Seine Fragen haben euch neu nachdenken lassen. Ihr hattet das Leben neu gesehen mit den Augen eures Kindes.

Dann war alles anders. Der Riß ging durch euch selbst. Das Kind ging fort, zurück blieb das Grab und Bilder, Sachen, seine Spiele. Lange dachtet ihr, es käme wieder. Inzwischen müßt ihr ohne das Kind weitergehen lernen. Ihr glaubt es im anderen Leben gut aufgehoben, heil, mit Zukunft, ganz bei sich selbst im Herzen aller Dinge. Ihr vertraut von innen heraus, daß es heimgekehrt ist zu Gott. Für einen selbst kann man vielleicht das einstige Ausgelöschtsein annehmen. Aber die Geliebten existieren. Sie sind in

38

eine Realität aufgerückt, gegen die unser Sein hier nur ein Schatten ist. Das Kind war Euch von der Liebe in die Arme gelegt und ist wieder zurückgenommen worden von der Liebe. Ihr Zurückgelassenen wißt das. Fortan weret ihr das materielle Dasein durchbrochen sehen von hellen und dunklen Farben. Auch andere Menschen werden euch manchmal durchsichtig. Eine Art Wiederfinden des Vertrauten im Fremden geschieht euch. Ein Hauch Heiligenschein umfließt andere Kinder, als wollte in ihnen das verlorene euch grüßen. Wir spüren auch, daß wir die Hinterbliebenen sind, das Kind uns schon voraus ist, am Ziel ist. Wir müssen noch lernen, hoffen, kämpfen. Das uns starb aber ist schon versetzt in eine Vollendung höherer Art.

Wir bleiben beraubt und verwundet für immer. Aber die Zeit macht uns auch dankbar für das Wunder des kurzen Gelingens. Wir bleiben verknüpft als Melodien in einem ewigen Lied. Das große Du singt in uns Bruchstücken sein Ganzwerden zurecht.

Abschied von Gott – wohin?

Das Nachrichtenmagazin »Der Spiegel« veröffentlichte eben eine Umfrage über den Glauben der Deutschen: Es gibt schon mehr Konfessionslose als die 10 Prozent Gottesdienst-Treuen. 25 Prozent meinen, nicht an Gott zu glauben, nur die Hälfte hält die Bibel für Gottes Wort. An die Jungfrauengeburt glauben nur 22 Prozent. Zweidrittel geben an, daß sie in Gesprächen nur selten oder nie auf Religion und Kirche zu sprechen kommen. Alle diese und andere Zahlen wertet »Der Spiegel« so: »Die meisten Deutschen sind zu neuen Heiden geworden.« Das mag stimmen, aber Abschied von Gott?

Sind dir denn die ewigen Fragen aus dem Herzen genommen? Du fragst doch, warum du lebst, warum gerade dir das zustößt. Du hast eine Danke-Lust für Glück und Gelingen. Du hältst Liebe für ein Wunder. Du bangst, ob die Unvernunft von uns Menschen die Erde in den Ruin treibt oder ob heiliger Geist uns noch erleuchtet. Du glaubst, daß Unrecht letztendlich selbst bestraft. Du meinst nicht, daß Kinder eine Anschaffung sind, sondern eine Gabe. Du weißt, wie hohl ein Selbstbewußtsein ist, das aus Beifall oder Geld sich erbaut. Du glaubst, daß du gewollt bist und deine Würde unantastbar ist, wie viele sich auch dran vergreifen. Wer ist dein Halt, dein Autor, wem dankst du, du zu sein? Du hast Menschen zu Grabe getragen und fragst: Wer birgt die Toten? Und Mozarts Sinfonien sind dir nicht nur physikalische Reizungen. Sie tragen dich in eine Harmonie. Gefühle von Ganzheit und Frieden – du hast sie erlebt, ersehnst sie. Wer, was ist der Zusammenhalt? Angst schnürt die Seele ab. Aber Liebe macht dir Mut, bindet dich los. Liebe hat auch ihre biologische Seite. Aber ist doch viel mehr, ist das Wesentliche, und der/die dich liebt, ist Handlanger vom Geschehnis der Welt. Traurig bist du über deine Schlechtigkeit zuweilen. Vor wem denn? Du siehst dich verantwortlich für manchen. Aber vor wem? Du sagst dem Freund, wenn er weggeht: Paß auf dich auf – und meinst doch, daß gute Mächte um ihn sein mögen. Du glaubst oft nicht an Gott – aber du betest. Wenn du mal still in der Sonne liegst, dein Atem kommt und geht, entspannt sich wohlig dein Gesicht und es sagt in dir: Gott sei Dank.

Es ist schon absurd, daß wir uns so wenig um unser Innen kümmern. Unsere Seelen lassen wir verhungern, aber unser Outfit soll edel sein, unsere Gaumen von Delikatessen umschmeichelt. Wir unglücklichen Heiden sind Gottes bedürftiger denn je, davon schreibt »Der Spiegel« nichts. Aber du weißt es.

Statt Nörgeln und Sticheln

Die Umwelt vergiften wir schon zur Genüge. Aber was wir uns an Vergiftung im Kopf antun, diese Innenweltverschmutzung, ist zum Erbrechen. Da grüßt man sich nicht mehr, knallt den Hörer auf, beleidigt und macht einander fertig nach Strich und Faden.

Es ist schon schwer genug, einigermaßen klarzukommen. Das moderne Leben fordert paßgerechtes Reagieren, präzises Verstehen, waches Funktionieren. Wenn da der Stoßdämpfer Höflichkeit abgebaut wird, man sich nur noch rüde anbellt oder verächtlich über die Schulter schnipst, als wollte man den anderen wie eine lästige Fliege abtun, dann werden wir alle aneinander krank.

Eine chronische Entzündung unseres Miteinanders passiert durch Schuldzuweisen. Jeder meint zu wissen, was der andere gefälligst zu tun und zu lassen habe. In der großen Politik wie im Familienleben weiß jeder, was der andere schuldig bleibt. Angeklagt sind nur die anderen. Man selbst sieht sich als unbestechlichen Richter oder als Opfer. Der Buhmann, der Häßliche, die Quatsche, der Schluckspecht, die Gehässige – ist immer der/die andere. Und das attraktivste Gesellschaftsspiel scheint das Durchhecheln zu sein. Der gemeinsam als mieser Typ Identifizierte wird unter Verdächtigungen und Gelächter aufgespießt.

Gut, ein Teil übler Nachrede ist Rache der Bedrängten. Man schafft sich in vertrautem Kreis Luft und baut sich wieder auf für die nächste Runde Durchhalten. Wieviel Mord und Totschlag und Magengeschwüre uns erspart bleiben durch dies Reden über andere, ist gar nicht hoch genug einzuschätzen. Und doch bleibt der giftige Kern ekelhaft: die symbolische Hinrichtung durch Verurteilen und Kleinmachen.

»Richtet nicht«, sagt Jesus mal und fragt: »Was siehst du den Splitter im Auge deines Bruders und willst den herausziehen? Aber den Balken in deinem Auge siehst du nicht.« – Ändern wollen wir immer die anderen, bessern müssen sich immer andere. Verrückt.

Ermutigen, sich bedanken, Gutes von Menschen reden, das will ich mehr lernen. Anerkennen, was anderen gelingt, gibt mir erst das Recht, auch mal gelobt zu werden. Hast du schon mal einem geholfen, sich in den Verkehr einzufädeln, und ein Dritter hat dich dafür anerkennend gegrüßt? Ein gutes Gefühl überlief dich da. Unglaublich, wie wir einander gute Gefühle machen können, wie wir Bösartigkeiten überhören, abwiegeln statt aufbauschen und Kriege klug beenden können. Dies Spiel spielen. Doch, find daran Gefallen.

Brich das Schweigen

Es ist doch nötig für die Seele, daß sie sich nach außen stülpt. »Da ich's wollte verschweigen, verschmachteten mir meine Gebeine«, klagt ein Beter in den Psalmen. Und tatsächlich: Wie viele verschnürte Seelen, sprachlos und mundtot gemacht, versteinern oder explodieren. Die sich selbst ans Leben gehen, fanden meist kein Gehör mehr. Sie schaffen sich weg, nachdem sie zu lange überhört wurden. Andere wenden die Verachtung, die ihnen angetan wurde, nach außen. Sie töten, bringen zum Schweigen für immer. Sie zerstören, weil sie unerhört blieben.

Wir müssen uns suchen im Verständnis des Nächsten. Offenbar sind wir auf Wahrgenommen-Werden angewiesen, also auf Sprechen und Hören. Kaiser Friedrich II. soll Ammen befohlen haben, einigen Neugeborenen alle Fürsorge zu geben, aber nicht mit ihnen zu sprechen. Er wollte auf diese Weise die Ursprache entdecken. Aber alle Kinder starben unter der Folter des Schweigens. Dagegen Adams Jubel in der Schöpfungsgeschichte, als er sein Gegenüber fand. Das erste überlieferte Wort eines Menschen laut Bibel: »Hurra, das ist ja Fleisch von meinem Fleisch« – will sagen: Im Erkanntwerden kommt der Mensch erst zu sich selbst.

Mit oberflächlichem Gesabbel spannen wir Schirme voreinander auf. Durch coole Amtssprache hält man sich Bittsteller fern. Gesenkte Augen schützen vor Anmache.

Stummes Sich-Abwenden läßt Ermahnungen ins Leere tropfen – wir brauchen offenkundig Tricks, die vor Überforderung schützen. Und manches Ausweichen verhindert den Zusammenprall. Aber die Kleinanzeigen: »Wer spricht mit mir?« häufen sich. Gellend ist die Klage eines Kindes gegen seine Eltern: »Wenn ich euch Entscheidendes fragen will, löst ihr euch in Luft auf.« Die Ratlosigkeit vieler in den neuen Bundesländern wurzelt auch in der Sprachlosigkeit zwischen West und Ost. Es gibt Reden, sogar Aussprachen. Aber Zwiegespräche, in denen man sich einander vertraut macht, sind selten. Sprüche und Ansprüche machen, daß die Entfernung wächst von Wort zu Wort.

Mit dem ich mich in ein Gespräch verknüpfe, den ehre ich. Wir nehmen einander wahr als der Rede wert. Und können unsere Meinungen austauschen, voneinander lernen, vielleicht sogar ein Seil knüpfen, an dem wir uns Stück um Stück aus der Gefahr der stummen Wirrnis ziehen. Sprechen dürfen ist Sich-Befreien-Dürfen. Zuhören auf eine aufmunternde Art bahnt dem anderen seinen Erzählstrom, auf dem er zu sich selbst kommt, zu seiner eigenen Wahrheit. Und jemanden in eine herzliche Unterhaltung einfädeln, das macht ihn schön. Probier das wieder!

Um Regen beten?

Alles Zukünftige kommt auf uns zu. Einiges können wir in die Wege leiten, vorbereiten, ansteuern. Ob wir uns aber treffen zur verabredeten Zeit, ob die uns zustehende Zahlung auch ankommt, ob wir die Prüfung bestehen, wissen wir erst danach. Auch wenn wir exakt planen, wird erst die Zukunft das Ergebnis bringen. Viele Unwegbarkeiten müssen auf dem Weg dahin bewältigt werden. Schon das Zusammenpassen der üblichen Anstrengungen ist wunderbar. Schon die Heimkehr am Abend ist eine Sensation, wenn man all die möglichen Schrecknisse bedenkt.

Natürlich kann man das Unwägbare einfach verdrängen, kann sich zwingen, das Restrisiko einfach zu ignorieren, kann so tun, als ob zwischen Jetzt und Dann auf den Schienen meines Willens alles nach Plan verläuft. Aber letztlich ist es doch Hoffnung, die uns nach vorn zieht. Wir setzen darauf, daß Gutes auf uns zukommt. Alles Planbare ist wichtiger Schmierstoff. Aber unsere Mühe kann Gedeihen nicht erzwingen, höchstens befördern. Darum danken wir beim Richtfest, danken beim gelungenen Verkaufsabschluß. Und bei der Geburt eines Kindes sind wir leer vor Freude. Das ist noch Kredit von dem Wissen: Die Zukunft kommt aus Gottes Hand. Gesundheit, Kraft für die Mühen, Freude, Glück, Leben, wir empfangen, wir machen es nicht. Darum schwirrt die Luft ja auch von Gebeten, jedes Hoffen ist anonymes Beten, in Alltagssprache. Auch die

Titelseite der »Morgenpost« vom Dienstag: »31 Grad –
Danke, es reicht jetzt« hofft doch, daß Gott es hört – oder
wie?

Not lehrt beten. Das gewöhnt kein rationales Denken
uns ab. Im Gegenteil. Wenn unsere Vernunft weiter die
Natur so vergewaltigt, werden wir alle in die Knie gehen
und Wunder erflehen. Nur weil Wunder möglich sind, ist
überhaupt die Zukunft noch offen und nicht nur Rampe
zum Abgrund. Und es lohnt sich noch, in die Hände zu
spucken.

Ob wir um Regen beten sollen, weiß ich nicht. Wer lei-
det, betet – wie stumm auch immer. Das ist in uns angelegt.
Nicht, daß eine überirdische Hand jetzt Wolken extra auf
die Reise schickt – so nicht. Aber daß im Kräftehaushalt
des guten Ganzen auch zu uns bald Regen komme, das
hoffen wir doch. Also erbitten wir es auch, selbst ohne
Amen.

Trau dich wieder zu den Eltern

Vielleicht brauchtest du den harten Bruch mit deinen Eltern, mußtest sie fliehen, um endlich die Nabelschnur zu
zertrennen. Vielleicht mußtest du so gewaltsam das Netz
von Fürsorge und Anspruch zerreißen. Dir mußten Kral-
len wachsen, du mußtest wohl Gift und Galle spucken, um
sie loszuwerden. Aber das war einmal.

Jetzt hast du deine Sicherheit gewonnen, du bist ein eigener Mensch. Du hast auch die Tonbänder im Kopf fast lö-
schen können. Die Befehle und Anweisungen aus dem El-
ternhaus sind doch übertönt durch neue Einsichten. Du
lebst in neuen Bindungen. Hast deine Unabhängigkeit gefunden. Du weißt inzwischen: Du kannst nicht auf Dauer
von dem Gegensatz zu deinen Eltern leben. Auch trifft
deine Feindschaft die Falschen, denn auch sie sind verän-
dert und sind jetzt bedürftiger als du.

Nach den Jahren der Kälte, such sie, tau sie auf. Erlöse
sie aus ihrer gnadenlosen Zerrissenheit. Du als Kind konntest weggehen und sagen: Ich bin nicht mehr euer Kind.
Aber sie sind gezwungen, ein Leben lang Vater / Mutter zu
sein. Ach, laß nicht zu, daß sie an ihrem Versagen kauen bis
zur bitteren Neige. Sie gaben, was sie hatten. Sie hatten
wohl zu wenig. Aber sie hätten dir gern mehr Glück beschert. Warum sie's nicht konnten, wäre der Stoff für gemeinsame Trauer. Und dann auch für Vergebung. Inzwischen bist du wohl selbst Vater / Mutter. Du machst sicher

vieles richtiger. Aber doch ahnst du schon, daß auch du deine Kinder verletzt hast, als du meintest, du müßtest sie zwingen. Auch du wirst die Vergebung deiner Kinder brauchen.

Doch, trau dich wieder zu den Eltern. Sie sind müde des Streites. Setz darauf: Sie haben aufgehört, recht haben zu wollen. Und du könntest endlich auch Freundschaft schließen mit deiner Herkunft, was dir ja selber einen Fels von der Seele nimmt.

Sich anlegen mit dreisten Menschen

Das entliehene Auto mit leerem Tank wieder zurückstellen, abreisen aus der Ferienwohnung voll mit ungespültem Geschirr, den Politiker ins Mikrophon lügen lassen, unwidersprochen, Rechnungen einfach nicht bezahlen, den Kollegen die Drecksarbeit zuschieben und derweil mit dem Chef / der Chefin schöntun, im Club die Ämter und Aufträge einheimsen, am Rententag die Uroma besuchen – man könnte sich dreimal täglich mit dreisten Menschen anlegen.

Aber die Menschheit hat noch viel zu viele Dulderinnen und Dulder. Frechheit siegt, weil kaum einer den Kampf aufnehmen will. Angeblich gibt ja der Klügere nach. Aber diese traurige Wahrheit begründet die Herrschaft der Frechen. Und es könnte noch schlimmer kommen. Denn wenn Geld und Durchsetzungsvermögen die edelsten Werte werden, züchten wir geradezu die rotzigen, die knallharten Macher.

Aber warum meinen wir, daß wir anderen nicht frech kommen? Wir meinen doch, wir wären ziemlich freundlich und würden anderen zuvorkommend begegnen. Und ihnen nur antun, was wir uns selber wünschen. Ach. Mit uns ist es auch nicht so »Lobe den Herren«. Vielleicht sind wir nur geschickter oder belastbarer oder intelligenter oder wohlhabender und können Ärger mit Nachbarn aus dem Weg gehen durch ein großes Grundstück oder Haus. Vielleicht können wir uns Höflichkeit leisten, weil wir nicht unter unerträglichem Druck stehen, wer weiß.

Aber sich anlegen mit dreisten Menschen – das wäre ein Lehrfach wert. Denn keiner hat es verdient, nur auszuteilen und hinzulangen nach eigenem Geschmack. Der verdirbt das kunstvolle System von Nehmen und Geben. Er wird zu Rambo, mit dem keiner mehr zu tun haben will. Er verödet in sich selbst, wenn seine zarten gütigen Seiten wegbrechen. Und keiner verdient es, benutzt zu werden. So gebietet die Klugheit, gegenzuhalten, Grenzen zu setzen, gelbe und rote Karten zu zeigen. Doch, leg dich an; sag's ihm, schreib den Brief, forder seinen Gerechtigkeitssinn heraus. Dann ehrst du den Dreisten, weil du ihm Lernfähigkeit zutraust. Wenn du dich nur entziehst, verachtest du ihn einfach nur. Und dafür ist selbst der Dreiste zu schade.

Todestrieb am Steuer

Mehr als siebzig Tote hinterließ das Wochenende, dazu eine vielfache Zahl Schwerverletzter. Da brechen Menschen fröhlich in den Urlaub auf oder wollen zum Einkauf, auf Besuch oder ins Grüne. Und sie kommen nie wieder. Es ist zum Verzweifeln. Die meisten fahren ruhig und friedlich, mit Disziplin und Geistesgegenwart. Aber einige setzen ihres und anderer Menschen Leben aufs Spiel. Sie rasen sich um den Verstand, katapultieren sich in einen Geschwindigkeitsrausch, als wollten sie in Panik getrieben nur weg von hier. Sie hetzen andere wie bei einer Treibjagd, überholen auf Standspuren, fahren dicht auf, als wollten sie den Hinderer zermalmen. Sie schlafen am Steuer ein, weil sie nicht ihre Grenzen akzeptieren. Betrunken krachen sie in Baustellen. Blind für Nächste mähen sie Passanten nieder. Gibt es einen Todestrieb?

Professor Freud scheint recht zu haben: Neben dem Lebenstrieb schwelt in uns auch Lebensverachtung. Könnte es Todessehnsucht sein, die fahrlässig und gewalttätig macht? Doch es soll manchem einen Kick, ein irres Glücksgefühl bescheren, wenn sein Leben am seidenen Faden hängt. Sie verordnen sich anscheinend eine Höllentour, um ihre Kraft zu spüren, ihr Glück sich zu beweisen. Sie besorgen sich Krieg, wie man früher zur Fremdenlegion ging, um hoch dekoriert oder gar nicht mehr zurückzukommen. Wer so wegwerfend von seinem Leben denkt, dem zählt des anderen Leben auch nicht. Erschütternd, wie wir im Verkehr einander ausgeliefert sind, einander des Unglückes Schmied sind.

Sicher brauchen wir mehr Polizei, Greiftrupps gegen Autorandalierer, Führerscheinentzug an Ort und Stelle. Wer aus Einsicht nicht angemessen fährt, muß es aus Angst vor horrenden Strafen tun. Die lückenlose Überwachung ehemals auf den Interzonen-Autobahnen hat doch in Schach gehalten. Auch der Verzicht auf die eigene Autotour bringt ein Stück mehr Sicherheit.

Aber der Kern ist wohl, daß wir einander die Liebe zum Leben stärken. Wer weiß, daß er geliebt ist und gut, wer gebraucht wird und reden kann über seine Probleme, wer Ziele hat, die er gern erreicht und wer sich aufs Nach-Hause-Kommen freuen kann, der hält sich und sein Auto im Zaum. Liebten wir mehr – es würden weniger Menschen sich blutrünstig ans Steuer setzen.

Zwischen Krieg und Spielen ratlos

Die XXV. Olympischen Sommerspiele sind los und fesseln uns an die Fernseher, auch wer ein leidenschaftlicher Nichtsportler ist, wird zunehmend in Bann geschlagen. Das »Schneller, Höher, Weiter« hat Sogwirkung. Der direkte Kampf eines gegen den anderen nach verstehbaren Regeln fair ausgetragen, bringt unsere Jagd- und Sieglust in Fahrt. Zudem ist das Können der Athleten atemberaubend. Sieht man den Turnerinnen zu, den Basketballspielern, dann grenzt deren Artistik ans Wunderbare – jedenfalls für uns durchschnittlich Ungelenkige. Auch der Hauch von Jugend und Freundschaft der Völker weht in unsere biederen Wohnzimmer und verschafft uns kleinen Vorunshintüftlern ein internationales Gefühl.

Zur selben Zeit tobt Krieg. Einen Kanal weiter werden wir Zeugen, werden hineingezogen ins Grauen. Kinder, Junge, Alte werden zusammengeschossen, verhungern in Kellern, fliehen hin, wo keiner sie haben will. Die Bilder uralter Frauen fräsen sich in unsere Seele. Sie schauen mit tränenleeren Augen die Soldaten an, fragen: Warum? Und beziehen Prügel. Man kann diesem Blick, diesen Bildern nicht standhalten, schaltet wieder um. Der schöne Schein löscht die Verzweiflungsschreie. Brennende Häuser sind Fackeln des Hasses, lieber sehen wir die Olympiaflamme vor blauem Himmel. Zierlich beschreibt sie das glutvolle Leben.

Inzwischen haben einige tausend Flüchtlinge hier vorübergehende Aufnahme gefunden. Ob sie in Wohncontainern oder Turnhallen oder bei Familien unterkommen, auch sie werden bei den Bildern von Olympia Vergessen suchen. Wer der Hölle entronnen ist, muß die Erinnerung wegwischen.

Wohl zehn Millionen Deutsche begegnen in den Flüchtlingsbildern ihrer eigenen Flucht und Vertreibung von damals und wir alle sind gerettet, behütet, bewahrt, entronnen, irgendwie. Wir alle können nur zittern vor Dank, daß wir in Sicherheit sind. Einige unter uns werden die Größe aufbringen, Platz freizumachen unter eigenem Dach. Wir anderen aber – wie wir Gutes tun, bleibt unser Problem. Einfach nur umschalten, das jedenfalls ist jämmerlich, denn Olympia ist ein Symbol für friedliches Zusammengehören der Verschiedenen. Das Symbol will übersetzt sein in tätige Nächstenliebe. Sonst morden wir mit beim Genießen der Spiele.

Schwierig – die Suche nach Gerechtigkeit

Man muß nur als Zeuge vor Gericht geladen werden, und der ganze Farbkasten verschiedener Darstellungen, Meinungen, Bewertungen liegt vor Augen. Der Sachverhalt dagegen ist nur annähernd aufzuhellen. Der Richter hat sich aus der Aktenlage ein Bild gemacht, hat eine Spur in der Nase. Er befragt Zeugen, bittet die Rechtsanwälte der beiden Parteien um Einlassungen – und im Laufe der Suche verfertigt sich ein klarer werdendes Bild von dem, was der Fall ist, der strittige Fall.

Es ist ein Glück, daß wir eine Justiz haben, die das Recht auf Klärung des Strittigen besorgt. Das ist eine echte Dienstleistung des Staates. Sie wahrt den Frieden unter irdischen Bedingungen. Und die sind friedlos. Zentriert um die eigenen Belange, sehen wir nicht, was ist, sondern was wir uns wünschen, daß es sei. So färbt unser Interesse unsere Wahrnehmung. Unsere Angst diktiert uns Fluchtwege. Ob diese legal sind, rechtens, fair, das scheint im Augenblick der Bedrohung nicht so wichtig. Hauptsache, ich schaffe mir Aufschub, verhindere den Zugriff jetzt. Aber dann kommt doch der Ruf vor Gericht, Schulden häufen sich, Geduld ist am Ende, Unbehagen gesättigt, Verletzungen taten genügend weh, jetzt will eine Partei Gerechtigkeit.

Unbegreiflich, wie oft Nachbarn zu Feinden werden. Über 400 000 verfeindete Nachbarn ziehen allein in Westdeutschland jährlich vor Gericht gegen die gleiche Zahl von Gegnern (so das Taschenbuch: »Giftzwerge«). Es geht um Hundegebell und Laub der Bäume, um Grenzzäune und Komposthaufen, um Parkplätze und Sauberkeit im Treppenhaus. Immer ist die Hoffnung aufs eigene Reich gestört durch gegenläufige Vorstellungen des Nachbarn. Und statt einen verträglichen Kompromiß bei gutem Getränk auszuhandeln, will einer oder wollen beide ihr »Alles oder Nichts« durchpauken, weil schon längst zu viel geredet wurde oder überhaupt noch nie. Kampflust und Vorteilsuche kommen so richtig in Fahrt, wenn sie sich im Dienst von Ordnung und heiligen Werten aufkröpfen können. Da werden Lappalien aufgeblasen zu Staatsaktionen, und die Gerichtskosten übertreffen den Streitwert schnell.

Selten findet einer vor Gericht volle Genugtuung. Recht ist eine knappe Ressource. Wir sollten es uns nur im Notfall vor Gericht bescheinigen lassen. Denn der Farbkasten Leben ist bunt. Schwarz und weiß, gut und böse sind bei uns nie rein zu ermitteln. Die Beendigung des Streites von Amts wegen kann letzte Rettung sein gegen anmaßend auftretende Macht. Aber das Wort Jesu ist schon gut: »Noch auf dem Weg zum Richter such den Ausgleich mit deinem Gegner.«

In all dem Kuddelmuddel

Es ist zum Heulen, wieviel Chaos in jedem Menschenherz steckt. Zum Heulen und noch mehr zum Staunen ist's, wie wir doch noch durchkommen, im Durchschnitt jedenfalls, hin zu ziemlich hohem Alter. All die brüllende Kinderangst, die Einsamkeit in der Schule, die Kränkungen – Heulgesicht und Schwächling – all die hilflosen Annäherungen, die Pleiten im Beruf, die Strapazen, mich zu behaupten zwischen Lieb-Kind-Sein und Kämpfer, Ergebung und Widerstehen – wie erklärst du dir dein Überleben und daß du noch immer Interesse hast an dir selbst?

Immer wieder ist der Weg zum Erwachsenwerden, zu deinem Ich-Sein gepflastert mit Erschrecken und Scheitern. Vielleicht hast du Haltepunkte, die dich orientieren. In deiner Handtasche, deiner Brieftasche hast du Bilder. Was dir wesentlich ist, ist da belegt. Die Kinder, der eine Mensch, die Katze vor Rosen, das Bild von dir im Urlaubsglück, ein Spruch vielleicht. Auch hast du ein Bild von dir, wie du noch werden könntest, wenn dir Klarheit und Zeit zum Gelingen noch gewährt ist. Doch, du willst Ordnung schaffen, dir. Eine Ordnung, in der du gehalten bist. Aber du kannst dein Kuddelmuddel nicht abschneiden. Sei froh, wenn du im Tohuwabohu deiner Gefühle und Pflichten und Ängste, Wünsche und Befähigungen Weg für den nächsten Schritt findest. Du siehst nicht den Weg, aber in Augenblicken der Übersicht schaust du erstaunt zurück und merkst: Du bist getragen von guten Mächten, bist hindurchgeschleppt worden zu immer noch einem neuen Tag, einer neuen Chance. Und du kannst noch mal schauen nach dir, schauen, was dich stärkt oder schwächt, kannst noch mal sortieren, was du wirklich willst.

Schneid nicht ab, was in dir an Gott ist, deck es nicht zu mit Suff oder Schuften oder Flucht in äußere Unordnung. Vermeide nicht die Angst, sondern lerne, durch sie hindurchzugehen. Glaub an den Glutkern in dir, ein geheimes Behütungsmuster, das in dir Kräfte freisetzt, doch noch Frieden zu machen. Wach auf aus deinen Träumen, dem Traum von der grenzenlosen Freiheit, die läßt dich zerfließen. Und der Traum, durch rigorose Grenzziehung dir ein sicheres Gehege zu schaffen, läßt dich erstarren. Ist es nicht so: Wenn du über einen Platz voller Menschen in direkter Linie gehen willst, mußt du einen nach dem anderen umrempeln und produzierst Chaos. Wenn du aber, dein Ziel im Auge, die notwendigen Umwege gehst, kommst du nach geraumer Zeit an und hast andere ziemlich wenig gestört. So ähnlich – geduldig, den Umständen entsprechend – kannst du im Kuddelmuddel deines Lebens doch vorwärtskommen zu deinem Ziel: endlich doch gern du selbst zu sein.

Muscheln in meiner Hand

Wir, selbst ein Stück Natur, können Natur nutzen und uns vor ihr beschützen. Wir können sie uns einverleiben als Nahrung und Sauerstoff, können sie bearbeiten, sie schänden oder bewahren. Und vor allem: Wir können uns Natur zu Gemüte führen. Wir können in die Natur gehen, sie genießen, weil sie uns verwandt ist. In den Schicksalen der Bäume finden wir unsere Jahreszeiten und Lebensphasen wieder. Ziehende Wolken machen uns Fernweh. Noch der Brummer, der wie irre vor die Scheibe prallt, entzündet unser Mitleid. Wir öffnen das Fenster und wünschen gute Fahrt: »Auf dieser Erde ist Platz für uns beide.« – Natur ist Lebensmittel unserer Seelen: die Sonne untergehen, den Mond aufgehen sehen – wer da nicht dankbar würde, der hätte wohl keine Religion im Leibe.

Auch ein Gipfelaufstieg im Gebirge, wenn der Tag anhebt, hat Verwandelkraft. Aber zu uns selber kommen wir am besten wohl am Meer. Du liegst am Strand wie auf Gottes flacher Hand, emporgehoben ins Blau mit weißen Streifen. Und dir zur Seite das Meer im großen Halbkreis mit dem Riesenhimmel verwoben. Und ringsum Menschen, fern genug, nah genug. Und du gehst an der Flutkante längs, der Sand hält deinen Schritten hinhaltend stand, die Wellen tilgen deine Spuren schnell, das Wasser leckt an deinen Füßen, es gluckst und schäumt dir und bleibt doch in seinen Grenzen gehorsam.

Und du darfst baden, ein Glück ohne Ende, wenn die Wellen verträglich hochgehen und sich auf deine Schultern laden. Und der Boden fliegt dir weg. Du wirst zum denkenden, dankenden Spielball, dann wieder mit Grund unter den Füßen und du leckst dir das Salz von den Lippen.

Und du liegst wieder in Ruhe. Deine Hände spielen mit der Zeit. Du läßt den Sand durch die Finger rinnen: exakt in dieser Spanne – wieviel Geborenwerden und Sterben, Lebensmühe, Lebensfreude überall?

Und du suchst Muscheln und Schneckenhäuser, schönste Denkmäler vergangenen Daseins, manche wie rosige Fingernägel, andere blauschwarz mit Perlmuttglanz, andere geformt wie Herzen und zu Marmor geschmolzene Wogen. Und du sammelst die schönsten, verwirfst am Ende die meisten und trägst die eine in deiner Hand nach Hause. Die eine Muschel – Pfand eines glücklichen Tages, an dem du dir glücktest und der allein schon das Lebendigsein wert gewesen wäre. Und was hast du groß tun müssen für diesen Tag? Nur Hinhalten hast du dich müssen.

Durch Bungee fromm werden?

Was treibt die Menschen, aus 50 Meter Höhe ins Leere zu springen, von dünnem Gummiseil an ihren Fußknöcheln knapp vor dem Erdboden aufgehalten, wieder emporgeschleudert und dann vom Kran auf die Matte runtergelassen? Und dafür zahlen sie 100 Mark. Ihr Körper wehrt sich mit allen Abwehrtechniken, die er hat. Das Herz schlägt bis zum Hals, die Temperatur steigt, chemische Substanzen überschwemmen das Blut, wie sonst nur bei höchster Gefahr. Aber der Wille zwingt die Füße vom Podest. Ein Mutmacher ruft noch: »Hab keine Angst.« Die Menschen unten schauen erwartungsvoll empor. Der Held breitet die Arme aus, als hätte er doch Flügel wie Adler und läßt sich fallen, kopfüber. Aber warum?

Ein Mensch, der's getan hat, Ralf Hoppe, schreibt im »ZEIT-Magazin«: »Du spannst dich also durch und läßt dich vorwärtskippen. Wenn es einen Gott gibt, so glaubst du jetzt an ihn.« – Ist es dies völlige Ausgeliefert-Sein an gute Mächte, was die Springer erleben wollen? Denn man weiß doch im Fallen, jedenfalls bei den ersten Malen, nicht, daß das Gummiband da ist. Sekundenlang bist du am Sterben. Stürzt dem Getötet-Werden entgegen. Und wenn du dich schon aufgegeben hast, dich Reue und Entsetzen durchfährt, du gleich schon aus und vorbei sein wirst, spürst du den sanften und schnell stärker werdenden Zug nach oben, der deinen Sturz noch mildern könnte. Eben hattest du dich schon von dir und allen verabschiedet, da spürst du dich vom Himmel her gehalten. Ralf Hoppe sagt's so: »Erleichterung überschwemmt dich. Du wirst nicht sterben.«

Vielleicht ist dieser gespielte Selbstmord ja eine Gewaltkur, um wieder oder endlich gern zu leben. Vielleicht ist der Sprung ins Nichts und das Dann-doch-noch-Aufgefangenwerden eine Glaubenserfahrung. Wollen Menschen erleben, wie sich das anfühlt – in den Tod zu springen und doch in Gottes Händen zu landen? Aber dies sich antun, dies sich erzwingen: den Wechsel von Todesangst und tiefer Dankbarkeit – ich weiß nicht, ob das einem hilft. Ist das normale Leben nicht schon voller Entscheidungen zwischen Gedeih und Verderb? Ist nicht die Mühe ums Gelingen von Liebe und Arbeit und Sich-Vertragen abenteuerlich genug? Ist Bungee-Springen nicht nahe an Autoraserei und Hochgebirgsklettern, an S-Bahn-Surfen und Drogen-Experimenten? Wieviel Angst muß ich mir künstlich produzieren, um mich zu fühlen? Bin ich so gefühllos? Mußt du wirklich dir die Hölle machen, um Gott zu finden? Für wie mutlos und feige mußt du dich halten, um so gewalttätig mit dir umzugehen? Ich frag' ja bloß.

Unantastbare Würde

Der erste Satz des Grundgesetzes heißt: »Die Würde des Menschen ist unantastbar.« Dies ist ein Bekenntnis, ein Glaube, eine Hoffnung. Hoffnungen müssen gelebt werden, oder sie platzen wie Luftballons.

Daß die Menschenwürde unantastbar sei, ist unsere innerste Überzeugung, jedenfalls was uns selbst betrifft. Ständig beleihen wir diese Zuversicht zu unseren Gunsten. Ohne diesen Kredit müßten wir fürchten, vom Nächstbesten niedergeschlagen zu werden, wenn wir das Haus verließen. Und wenn du nicht hoffen würdest, bei einem Unfall Helfer zu finden, würdest du kein Auto anfassen. Und wenn du dich eben befreundet hast und glaubtest nicht, der andere achte deine Würde, wie könntest du dich trauen, ihn zu umarmen? Wir setzen darauf, daß uns keiner ans Leben will. Wir müssen glauben, daß auch der nächste, der an uns vorbeigeht, glaubt: Die Menschenwürde ist unantastbar.

Die meisten von uns genießen mehr Menschenwürde, als sie gedeihen lassen. Wir alle, die wir mehr besitzen, als wir auf dem Leib tragen, werden von Polizei, Versicherungen, Wachdiensten, Rechtsanwälten, Bankleuten, Ärzten, werden von Staat und Gesellschaft mehr geschützt. Was nützt das Grundbuchamt dem Wohnungslosen? Was die Pressefreiheit dem, der sich keine Zeitung leisten kann? Wir Besitzenden bestehen darauf, daß Eigentum zur Men-

64

schenwürde gehört. Aber das Recht dazu haben wir nur, wenn wir anderen wenigstens das Überleben sichern. Darum ist der Angriff gegen Flüchtlinge ein Fanal. Die Alarmpfeifen unserer Selbsterhaltung müssen gellen, wenn Asylsuchende angegriffen und ihre kärglichen Unterkünfte in Brand gesetzt werden.

Denn wenn irgendeines Menschen Würde geschändet wird, ist meine, deine auch in Not. Nicht Hautfarbe, Religion, Besitz, Bildung, Nation dürfen entscheiden, wer der Würde wert sei. Sondern daß einer ein Mensch ist, hat genug Leuchtkraft bei sich, daß ihm Essen und Obdach zustehen von jedem, der hat, um abgeben zu können. Wenn wir diese Leuchtkraft nicht achten, ist unsere Würde nur ein leerer Wahn. So müssen wir beides schaffen: Die sich zu uns gerettet haben vor Hunger und Bomben, brauchen unseren Schutz. Die in der Ferne brauchen unsere Hilfe, damit sie nicht sich herschleppen müssen. Eine Politik, die nicht uns Besitzende einschneidend zur Hilfe zwingt, ist schlecht. Sie untergräbt meine und deine Menschenwürde.

Wenn einen nichts mehr hält

Es ist ein Jammer, wenn einer sich so leid ist, daß er aus dem Leben flieht. Und wir konnten ihn nicht halten, er hat auch uns gewogen und für zu leicht befunden. Seine Verzweiflung haben wir nicht geteilt, seine Verletzungen nicht gefühlt, seine Fragen nicht gehört. Er war erschöpft vom Alleinstehen. Ein dunkler Ehrbegriff zwang ihn wohl, diese Umstände nicht mehr ertragen zu dürfen.

Mit seinem Selbstmord verneinte er nicht den Willen zum besseren Leben, konnte aber aus diesen Bedingungen sich keine Zukunft mehr vorstellen, und so stürzte er sich in ein Anderes, erzwingt sich Zuflucht ins Jenseits, will hin vor den Großenganzen, Gott genannt. Indem er sich das Leben nimmt, nimmt er sich, holt er sich das Bessere. Nicht auszudenken, er wäre ohne diese Hoffnung gestorben. Wenn ihm das nackte Nichts noch verlockender erschienen sein sollte, als weiter mitzuspielen unser aller Leben – was ist das für ein Leben, hatte er zuviel Gefühl und wir Robusten zu wenig? Wir haben nicht deuten können seinen Überdruß, seine Abwesenheit, seine Nachgiebigkeit, sein Schweigen. Im nachhinein finden wir wohl Zeichen für sein Entwurzeltsein und Heimweh. Wir erinnern uns an Worte, die quer standen zum Alltagsgerede, aber geschrien hatte er nicht. Hätte er es sollen? Er war höflich, wollte nicht stören. Hätte er sich uns offenbart, hätten wir uns als Gewicht an ihn gehängt?

Jedenfalls hätte er nicht von Freitod geredet, was ist das für eine Freiheit, sich den Kopf abzuschneiden und keine Schmerzen mehr zu fühlen. Wer sich von hier wegreißt, war schon viele Male vorher von hier vertrieben, war auch unfähig gemacht, die Sklaverei seiner Selbstansprüche zu sprengen.

Die Gewalttätigkeit, mit der er sich hingerichtet hat – ich kann nur darum beten – soll nicht das letzte Wort haben. Um seinet- und meinetwillen muß ich glauben, daß er endlich nach Hause gekommen ist, zu sich selbst, ins Licht der Liebe.

Das Leben geht weiter, ja, aber ohne seine Stimme, seine Hände, seine bittenden Augen ist es ein anderes, ein ärmeres Leben, und ich bin ihm nicht Freund geworden. Es ist ein Jammer.

Nichts kommt von selbst

»Nichts kommt von selbst, und nur wenig ist von Dauer« –
das ließ der schwerkranke Willy Brandt der Sozialisti-
schen-Internationale-Tagung ausrichten. Ein gutes
Schlußwort, diese Summe eines langen politischen Lebens.

Nichts kommt von selbst. Außer Tag und Nacht und
dem Tod. Aber alles andere müssen wir erarbeiten, erwer-
ben, bewahren, gestalten, bauen. Und auch was von selbst
kommt, will ja verwandelt und angenommen sein. Vielleicht kommt die Liebe von selbst. Aber auch der muß man
sich hinhalten, muß sich entdecken lassen. Die Liebe
braucht gastfreie Herzen, braucht aufgetane, aufmerksame
Sinne, sonst geht sie vorbei. »Was nützt aller Sonnenaufgang, wenn wir nicht aufstehen« (Georg Christoph Lich-
tenberg).

Nichts kommt von selbst. Die Asylsuchenden nicht; sie
müssen sich hier erbetteln, was wir ihnen von unserem
Überfluß nicht hinbringen in ihre ausgemergelten Dörfer.
Die Umweltkatastrophe nicht; wir bereiten sie uns gezielt.
Die Wiedervereinigung nicht; wir müssen sie erarbeiten.
In mein Portemonnaie kommt nichts von selbst; ich muß
andern nützen, damit sie mir was geben. Das aufgeräumte
Zimmer nicht; ich hab's in der Hand, mich wieder wohl zu
fühlen. Das gute Vertragen am Arbeitsplatz nicht; stellst
du dem Neuen Blumen hin? Das Kind nicht; es sei denn,
du zeugst es. Dein Herzinfarkt nicht; du holst ihn dir.

Mehr Wohnungen nicht; es muß sich lohnen, Geld in Wohnungen zu verbauen, dazu müssen die Zinsen sinken, dazu muß weniger auf Kredit gelebt werden. Frieden nicht; er muß erwirkt werden durch Ernstnehmen der gegnerischen Interessen, durch Entgegenkommen und Kompromiß.

Und nur wenig ist von Dauer. Von Dauer ist, daß wir morgen wieder hungrig, sehnsüchtig, bedürftig sind. Und wieder Brot, Vergebung, Mut und Tatkraft brauchen. Mittel und Wissen veralten, Schwüre brechen, Wege trennen sich, Gewißheiten verfallen. Wir bleiben angewiesen auf Glück und Gunst, auf Gnade und mildernde Umstände, auf Bewährtes und neues Vertrauen. Alles ist Gnade – und alles kostet Mühe.

Von Dauer ist, daß wir jeden Lebenstag neu anfangen können, mit uns ins reine zu kommen. Nicht von Dauer sind wir selbst. Es ist ein Trost.

Was Chefs um die Fünfzig lernen müssen

In der Firma: leiten, nicht herrschen. Also machen, daß das Nötige sich selber macht. Noch mehr Austausch und Gespräch, die Scheuen bestärken, die Raumgreifenden in die Pflicht nehmen. Ärger muß benannt werden dürfen, Argumente muß man auch gegen sich selbst gelten lassen. Prestigedenken von oben her abbauen.

Wenn der Chef keinen Achtzylinder mehr fährt, kann auch anderen Verzicht leichter fallen. Nicht herzitieren, sondern hingehen. Eingeständnisse erleichtern durch partielle Schuldübernahme. Anerkennung zollen, die im Schatten beachten. Ehrfurcht vor Würde, Zeit und Arbeitswillen des anderen. Mitbeteiligen am Ertrag über das tariflich Abgezwungene hinaus. Und immer wieder die Eigeninitiativen fördern durch herrschaftsfreie Gespräche aller Beteiligten. Immer noch einmal darauf setzen, daß das Vernünftige auch als plausibel und zweckmäßig einleuchtet, wenn man es lange genug erklärt hat.

Wie nicht zynisch, nicht resigniert werden bei all den Erfahrungen und geringer werdenden Kräften? Laß Junge in deine Nähe. Sie erinnern dich an deine ungestümen Anfänge. Glaub gegen ihr schrilles Äußeres an ihren guten Willen. Und ehre die Alten. Demut ist ab 50 der Lernstoff.

Zu Hause mach Frieden. Der/die an deiner Seite – wer seid ihr geworden im Laufe der Zeit? Von der Faszination des Anfangs ist es ein langer Weg zur verläßlichen Treue.

Da weiß jeder, was er am anderen hat und auch nicht hat. Darüber mal wieder sprechen und nicht nur zwischen zwei Terminen. Vielleicht täte euch eine Reise gut an die Kreuzungsorte eurer Ehe. Es ist Zeit zu wissen, mit wem man alt werden will, wenn's gewährt ist.

Und die Kinder? Haben sie mal sagen dürfen ihre Enttäuschung, ihre Fragen an deinen Lebensstil? Weißt du, was sie bewegt, wen sie zur Zeit lieben und was sie tun? Zeig wieder dein Interesse. Und daß du auch ihr Einverständnis brauchst. Du hast es ihnen nie gesagt.

Für dich selbst such Stille. Alles was du sonst so routiniert beschickst, das laß mal los. Spür dein Ich, dein bedürftiges, furchtsames, neugieriges Ich. Such wieder Zwiesprache mit Heiligem Geist, erkundige dich nach alten Freunden und such mal neue. Trau dich, dich selbst zu erkennen. Sortier noch mal, was dir wichtig sein soll in Zukunft. Deine wichtigste Zeit kommt noch.

Komm gut heim, Willy Brandt

Er hat geschuftet und gelitten, geliebt und gekämpft. Er stand aufrecht und kniete stellvertretend für uns. Seine behutsame Hand damals in Erfurt, seine Geste, die Geduld und Gewißheit vermittelte – nie sahen wir eine bezeichnendere Handlung dafür: Alles hat seine Zeit, und alles Vorhaben unter dem Himmel hat seine Stunde, aufbauen und abbrechen, Steine sammeln und Steine zerstreuen (nach Prediger Salomo 3). Triumph hat er gefeiert und Schmach, Beleidigung, Verrat hat er ertragen. Auch schuldig wurde er, wahrscheinlich mehr durch Gewähren-Lassen als durch Härte. Auch der Abschied von Rut paßt uns nicht in das Bild, das wir von ihm haben wollten. Aber er, weise geworden, verbot uns, ihn zur Ikone des guten Menschen zu stilisieren. Compassion, Mitgefühl, war sein Glaubenswort, verbunden mit dem Respekt vor der Andersartigkeit des Nächsten. Er wußte von der Brüchigkeit unserer Entwürfe und vom Wunder des Gelingens und eben, daß alles seine Zeit hat.

So würde er uns, die Hinterbliebenen, die Söhne und Töchter, gern trösten. Aber auch wieder nicht. Denn er traute der nächsten Generation ihre Kraft zu. Er, der so oft an anderen sich gemessen und verworfen sah, würde entschieden Einspruch erheben, wenn die Nachkommen verzagten, als hätten sie keinen Hirten. Kaum hat er über seinen Vertrauensquell geredet, aber er wußte sich »von guten Mächten wunderbar geborgen« und traute auch den Zurückbleibenden das Vorwärtsgehen zu.

So können die, die sich als seine Söhne und Töchter fühlen, beherzt an ihre Arbeit gehen. Das relativ Bessere, das wenigstens um etwas Gerechtere, das ein Stück Entfeindende tun, klug und ohne Falsch, getrost, immer in Schwierigkeiten und (fast) immer fröhlich – das wäre die Richtung, die er vorgibt.

Aber wir Hinterbliebenen sollten nicht so oft zurückschauen, er ist da nicht, er ist uns voraus, aufgenommen in ein Haus von Licht mit Jesus und Bebel und ja, auch Adenauer, im Gespräch unter Rosengärten. Und wir kommen nach, wenn es an der Zeit ist.

Minütlich gefährdet und dennoch

Sie saßen beim Abendessen, sahen fern, küßten oder stritten sich, und ein Flugzeug bohrte sich in ihr Haus, von einer Sekunde zur anderen waren sie aus dem Leben gerissen. Und von gegenüber schauten sie herüber, als sähen sie einen Inferno-Film: die tot – und wir leben, da brennt's, und wir haben's warm, da krachen die Autos im Nebel aufeinander, und wir fahren im Zug der Gefahr davon. Da bricht einer am Gehirnschlag zusammen, und du erfreust dich deiner Gesundheit. Da verhungern sie, und du ißt und kommst zurecht.

Wie kommst du zurecht mit dieser Gleichzeitigkeit von Bedroht- und Bewahrtsein? Mitten im Leben vom Tod umfangen, es könnte einen wahnsinnig machen. Wie Zebras vor den Löwen auf der Flucht: eins wird geschlagen, die anderen laufen aus, die Gefahr ist vorüber, sie äsen wieder friedlich. Ohne Angst, ohne Gedächtnis. Aber wir – wir sind minütlich bedroht. Manchen läuft im Gehirn ein Dauerfilm aller möglichen Gefahren mit, und einzelne trauen sich kaum aus dem Haus, ein Gang über die Straße ist ihnen ein Lauf durchs Minenfeld.

Aber es muß doch anders gehen. Ist es denn alles nur Galgenhumor und Tanz auf dem Vulkan, dies Lachen und Arbeiten, dies Seiner-Wege-Gehen unter einsturzgefährdetem Himmel? Wieviel Dennoch und Trotzalledem wird gelebt! Bäcker backen, Fleischer zerteilen, Ballerinen ma-

74

chen die Schwerkraft vergessen, Notpersonal rast zum Retten, Bettler machen Wohltaten locker. Im Hafen, auf dem Bau klotzen sie ran. Dichter suchen das endgültige Wort, Kinder werden gestillt und unterrichtet, Kranke gepflegt. Geld wird verdient, ausgegeben, geklaut, angelegt, Bäume werden gepflanzt. Sag, ist das nichts? Wir werden doch von einem Glauben getragen, vertrauen viel mehr als wir's begründen können, irgendwas wie Gott hoffen wir an unserer Seite.

Ja, bedroht ist alles, alles hat seine Zeit. Aber daß Leben ist und daß du da bist, jetzt, noch, diesen Augenblick und morgen wohl auch noch, das ist in seiner Wunderbarkeit gar nicht auszuschöpfen. Darum lieb gut, lach gut, mache deine Sache gut. Danke, bitte, klage, spür dich, tu das Deine fest, zart und genau, stifte Frieden, teile dich aus, veruntreu deine Gaben nicht, speis dich ein in den Tag, laste wenig, stütze manchen, und wenn's hier vorbei ist, der letzte Tanz spielt anderwo.

31. Oktober 1517 – zum Reformationstag

Früher gab es schulfrei mit großen Gottesdiensten an diesem Tag. »Ein feste Burg ist unser Gott« wurde geschmettert, Luther war Volksheld, ähnlich wie Bismarck. Aber das ist lange her. Heute weiß kaum jemand drei Sätze zu sagen von dem großen Reformator der Kirche vor bald 480 Jahren, dem Wiederfinder des Evangeliums von der Liebe Gottes, dem genialen Bibel-Übersetzer, dem Lehrer der Deutschen. Und doch leben Luthers Erben. Die Reformation wirkt bis heute, setzte sich fort in der Aufklärung, den Freiheitsrechten. Demokratie und soziale Verantwortung sind Früchte der Gleichwertigkeit aller Menschen vor Gott, Toleranz ein Gebot aus Inthronisation des Gewissens des einzelnen.

Geborgenheit in einem festen, wenn auch überholten Weltbild hat evangelische Kirche nicht zu bieten. Ihre Institution ist schwach, darum aber recht flexibel. Ihre Glaubenslehre kennt kein herrisches Lehramt, das schafft Freiheit, aber auch Unsicherheit. Doch das haben Luthers Nachkommen kapiert: Heiliger Geist, Wahrheit, Gewißheit lassen sich nicht verordnen, nur erbitten. Die Bibel ist kein Kursbuch. Die Züge, die Schienen für heute müssen wir mühsam ermitteln durch Versuch und Irrtum hindurch.

Doch Kirche hat ein Vertrauenswissen, das wichtiger ist denn je: Du Mensch bist geliebt vom Grund der Welt. Du stehst zu einer lebendigen Mitte in lebendiger Beziehung und findest Brüder und Schwestern mitten unter Fremden. In unzähligen Gemeinden, in Gottesdiensten, Seelsorge, Beratung wird dieser Schatz ausgeteilt und hoffentlich gemehrt. Aber der Bedarf an glaub- und denkwürdigem Christsein ist riesig, und Kirche ist nie besser als ihre Glieder.

Grobschlächtige, niedermachende Kritik hat viele Zeitgenossen aus der Kirche vertrieben. Aber sie sind mit ihrer geistigen Entwurzelung nicht zufrieden. Der Gang zu obskuren Seelenfängern und in schizoide Sekten, das Dahindämmern vor dem letzten Ewigen Licht Fernseher, Kaufen als Droge, die gähnende Langeweile derer, denen alles gleich ist, Hauptsache es gefällt – ist die Kehrseite einer entkirchlichten Gesellschaft.

Die Probleme wachsen zum Katastrophengeflecht. Bald sind alle Irrtümer verbraucht, und wir werden wieder beten lernen. Heißhunger auf Hoffnung wird uns befallen. Wir werden Kirche wieder suchen – eine veränderte, sicher –, bauen wir sie jetzt.

In Sachen Asyl

Als der Bürgermeister Platz suchte für die Notunter-
künfte, bot ich den Pfarrgarten nicht an. Jetzt stehen die
Container zwischen Schule, Golf- und Tennisplatz weit
vorm Dorf. Damit habe ich selbst vorgeführt, daß ich nicht
liebevoll genug bin, nicht fremdenfreundlich genug. Ich
bin über mich traurig und kann mich doch verstehen. Ich
bin auch einer, der im Zug gern ein leeres Abteil erwischt.
Steigen dann noch ein, zwei zu, mein ich: nun reicht's. Dabei hab ich nur für einen Platz bezahlt. Dennoch, als Zu-
erstgekommener rühren sich in mir Besitzrechte, verrückt
ist das.

Solange wir in Deutschland Arbeiter suchten, waren uns
Ausländer sehr willkommen. Das distanzierte Verhältnis
zu Fremden läßt sich aufheben durch ihren Nutzen für
uns. Aller Fremdenverkehr ist ja gelebte Gastfreundschaft
zum beiderseitigen Nutzen. Aber ohne Geld ist der
Fremde noch viel fremder. Wenn Wohnungen und Ar-
beitsplätze fehlen, verschärft jeder Asylsuchende den
Mangel und ist eben nicht mehr willkommen.

Asyl – vorübergehende Gastfreundschaft für Verfolgte –
muß zu unserer Würde gehören, aber wir können die Armen dieser Erde nicht zu uns ziehen. Und wir können auch
keine Mauer um Deutschland ziehen. Zwischen diesen beiden Unmöglichkeiten menschenwürdige Verfahren erarbeiten, ist eine der gigantischen Aufgaben unserer Politiker.

Aber zweierlei muß klar sein. Wenn wir die Hungernden hier nicht wollen, müssen wir sie sättigen helfen in ihren Heimatländern. Jede Summe Entwicklungshilfe erspart uns die gleiche Summe Sozialhilfe hier. Und wenn wir ihnen dort nicht helfen, müssen sie zu uns kommen und uns abzwingen, was wir nicht freiwillig brachten. Und: Jeder Mensch hat Recht auf körperliche Unversehrtheit. Wer meint, mit Gewalt Menschen von hier vertreiben zu dürfen, ist kriminell. Wer Kriminelle unterstützt, beklatscht, ihnen Verständnis entgegenbringt, ist selbst kriminell.

Volkstrauer mit dem Herzen

Weizsäckers Hand sagte viel. Als Polizisten, schildebewehrt, schützend vor ihn traten, wollte er sie wegschicken, wollte entblößt sich hinhalten, wollte Zielscheibe bilden für die Gewaltbereiten. Der Menschenfreund hoffte, die Wurfgeschosse würden fallengelassen und der Schutzlose geschont.

Aber es ist in uns Lust an Gewalt, ein Drang dazu, sich zu bemächtigen. Alles mögliche können wir benutzen, um uns siegreich zu fühlen. Dem Tier genügt sein Revier, sein Quantum Fressen, doch wir haben Spielraum von nützlich bis irre. Wir können uns emporjubeln, uns für auserwählt und grandios halten, wir können sechs Meter Auto um uns rumdrapieren, wir können meinen, vergoldete Wasserhähne im Bad veredeln unsere Seele, volle Konten sicherten uns Glück zu. Wir können verleumden und Verachtung säen. Wir können sogar Menschen als Fußabtreter mißbrauchen.

Das fängt zu Hause an: die Mutter fürs Grobe, die den lieben Kleinen alles Mühsame vom Hals hält. Und der schwächliche Vater kommandiert die Frau und bringt den Söhnen bei, was ein Kerl sei. Wir können unsere Kräfte spielen lassen und uns daran ergötzen, wie Ohnmächtige unter unseren Schlägen zusammenzucken. Wir können unsere eigenen Großeltern aus ihrer Wohnung klagen. Wir können dem behinderten Menschen den Rollstuhl plattstechen und uns an seiner Hilflosigkeit weiden. Wir können Häuser anzünden und Menschen brennen sehen. Und ziehen daraus Energien des Bösen, die uns riesig-mächtig scheinen lassen.

Der SS-Mann im vollen Wichs taucht wieder auf im furchteinflößenden Skin, die deutschen Soldatenkolonnen in den »Sieg Heil« rufenden Stiefeltypen.

Gegen die Magie des Bösen hilft nur die Erfahrung des Guten. Gut ist, lieben und geliebt werden. Gut ist, arbeiten können und daraus Nutzen schaffen. Gut ist, die Freude zu fühlen, noch leben zu dürfen trotz Behinderung. Gut ist, etwas zu haben, das ich mit anderen teilen kann. Gut ist, verstanden zu werden und zu verstehen. Gut ist eine Politik, die jedem zu seinem Anteil am Guten verhilft.

Viele unter uns erfahren zu wenig Gutes, weil viele andere ihre Guthaben, ihre Kreise, ihre Privilegien, ihre Güter für sich sichern wollen und die Ungeliebten, Unbehausten, Unverstandenen, Ungebrauchten erstarren – oder randalieren.

Der Volkstrauertag ist für uns in Deutschland kein Feiertag, sondern ein Denktag, ein Aufwachtag für uns Deutsche, vor allem für die, die meinen, schon gut zu sein, weil sie sich raushalten.

Vielleicht weckt uns der Tod auf

Es ist überhaupt nicht ausgemacht, was uns im Tod erwartet. Einiges spricht dafür, daß ich nur mit Körper ich selbst bin. Aber als ich den Leichnam meiner Mutter sah, wußte ich, daß sie es nicht war, was da aufgebahrt vor mir lag. Der Dichter Fernando Pessoa sagt es so: »Der Leichnam macht mir den Eindruck einer abgelegten Kleidung. Jemand ist fortgegangen und braucht nicht mehr den einzigen Anzug zu tragen, den er getragen hatte.«

Doch wie soll ich mich wahrnehmen, wenn mein Merkapparat, mein Gehirn, zerfallen ist? Wo sind unsere Toten? Fragen über Fragen richten wir an das Schweigen, das der Tod bei sich hat, und wissen doch, daß die Leere nicht antwortet. Hören wir lieber in uns hinein. Da ist einerseits das Wissen, daß wir sterben. Aber noch stärker das Gefühl, daß wir nicht sterben werden. Irgendwas, irgendwer geht mit uns weiter. Wir münden in ein Ganzes.

Die Zeichen auf den Gräbern sind Pluszeichen, das Kreuz vor allem. Eben kein Schlußstrich, sondern ein Verknüpfezeichen. Oder das Segelschiff, das von der großen Reise kündet. Oder der Baum des Lebens, zu dem die Toten auch gehören. Auch die Erinnerung an die Geliebten, die uns verließen, erzählen von Wachheit und Kraft. Nicht daß sie sich noch in unser Leben einmischten, aber ich spüre meine Toten – darf man das sagen: meine? – anderweitig beschäftigt, voller Elan, in Liebe eingehüllt am Ziel.

Eben die Wandlung von Angst in Vertrauen, der Wechsel vom Haß zum Lieben, der Abschied vom kopflosen Weitermachen, halt stopp! – zum Aufbruch in ein anderes Neues.

»Und wenn auch keine Erlösung kommt, ich will ihrer jedoch jeden Augenblick würdig sein.« Dieser Klartext von Franz Kafka beschafft einen Qualitätssprung für unser Denken: Nicht Sitzenbleiben auf sterbendem Ast, sondern Bäume pflanzen. Statt Steuern zu hinterziehen – konkreten Menschen helfen. Statt sich vorm einsamen Weihnachten zu fürchten – einladen zum Fest. Statt die abgelebte Liebe ständig wiederzukäuen – rausgehen in Kneipen und Kirchen und neue Freundschaft anzünden. Statt Gewalt, Verachtung, Verneinung gegen dich und andere – Wohltat dir und anderen; den nächsten Andersfarbigen, den du triffst, auf einen Stehkaffee mitschnacken, der nächsten Romafrau mit Kind einen Schein zustecken oder eine Rose, wenn zur Hand.

Advent, das ist auch: Lieber ein Licht anzünden als über die Dunkelheit zu schimpfen und um Hoffnung zu bitten, die immer eine halbe Nummer größer ist als unsere Erschöpfung.

Mach was aus deiner Weihnachtsfeier

Erstaunlich, daß Christi Geburt uns lockt, auch mit der Firma noch zu feiern. Aber Weihnachten ist ja das familiärste Fest der Christenheit, und wir wünschen uns eben, daß es im Büro oder im Laden oder in der Werkstatt auch so etwa zugeht wie in einer richtigen Familie. Wir brauchen ja Zugehören und Vertrauen. Und wenn im Betrieb die Hölle los ist, dann zermürbt einen das wie eine unglückliche Ehe. Um so wichtiger sind die friedenserhaltenden Maßnahmen, das immer neue ausbalancieren von Einfluß und Kompetenz. Wir müssen miteinander reden, Interesse aneinander zeigen, die Dienstwege mal abkürzen, die Abteilungen zusammenbinden, das Fremdeln verlernen.

»Mobbing« ist das neue Wort für eine alte miese Sache: Gehässigkeit. In unserer Lust, vertraute Verhältnisse zu haben, produzieren wir Außenseiter. Wir schneiden Bestimmte, grenzen sie bei Verabredungen aus – ganz schlicht darum, weil wir so unser Cliquengefühl mästen. Daß ich dazugehöre, spür ich ja direkt dadurch, daß der andere draußen ist. Aber dieses Ausgrenzen ist Zeichen von schwachem Selbstwertgefühl. Und darum ist Weihnachten bester Anlaß für ein Betriebsfest, weil die Energie von Christi Geburt unser Selbstbewußtsein stärkt. Die Geburt des Gottessohnes besorgt uns allen die Gotteskindschaft. Und fühltest du dich auch als kleine Feder im

Böse Menschen wurden bös gemacht. Was einer tut, hat vorher ihm ein anderer angetan. In manchen scheint alle Menschlichkeit ausgelöscht, und ihre Gesichter haben das Antlitzhafte verloren. Sie scheinen Masken und Larven des Bösen, um so glückhafter ist die Menge der himmlischen Heerscharen mitten unter uns, Engel in Fülle, die helfend und dienend Zusammenleben bauen: Mütter, Lehrer, gütige Busfahrer, Bewährungshelfer, du, ich, manchmal, Verkörperungen von Liebe, Engel eben. Und vielleicht sind alle Drachen unseres Lebens Prinzessinnen, die nur darauf warten, uns einmal schön und mutig zu sehen. Vielleicht ist alles Schreckliche im Grunde das Hilflose, das von uns Hilfe will (Rainer Maria Rilke).

Dir gesegnete Weihnachten!

Das meint auch leckere Plätzchen, Überraschungen in Familien oder Freundesrunde; aber meint erst recht ein Selbstbewußtsein, das dem Kind in der Krippe abgeguckt ist. So kindlich-unüberwindlich, so vertrauensvoll, stark und gut, so leuchtend, wie wir uns Jesus vorstellen, so sind wir selbst gemeint. Der Stern von Bethlehem steht auch über deinem Lebenslauf. Dein Haus, dein Zimmer soll Geburtsstätte von Frieden werden. Auch du bist Sohn/Tochter Gottes; nicht nur Kind von schlechten / rechten Eltern. Uns das nötige Bewußtsein von uns selbst beizubringen, das ist Jesu Beruf: du bist eine Persönlichkeit mit ewiger Gültigkeit, du eine wunderbare einmalige Schöpfung Gottes, du dem Jesus parallel Gottes Kind, mit herrlichen Kräften ausgestattet. Daß dir diese Bestimmung eingeht, endlich oder wieder noch einmal, macht dir Weihnachten gesegnet.

Unendlich mehr als ein netter Gruß also ist dies »gesegnete Weihnachten«. Es ist ein Besiegeln von Unverbrüchlichem: Du stehst unter Einfluß dieser Geburt. Sie geschah dir zu gut: wie Jesus bist du ein Wurf Gottes, ein Energiebündel aus heiligem Schatz. Du bist geliebt, gebraucht vom Geheimnis der Welt.

Erstaunlich, wie diese Gewißheit weite Herzen eröffnet und großen Horizont. Goldfäden aus Gottes Produktion ziehen sich durch alles Gedankengewebe. Was hoffen läßt, was tröstet und ermutigt, hat etwas von Jesu Liebesenergie bei sich. Noch im schlichten Geschenk kommt zu dir ein Abglanz dieses Evangeliums: du wichtig, du geehrt. Noch in deinem Bemühen um ein warmherziges Fest, wächst das versprochene »Wohlgefallen aneinander«. Dein »Brot für die Welt« macht dich zum Engel für Hungernde. Die Früchte unserer irdischen Liebe blühen aus der ewigen Liebe. Wir sind einander bestimmt als Pfand für die große Freude. Du – Jesu Krippe, Gottes Versteck. Mehr kann man nicht werden. Und daß dir davon ein Licht aufgeht, macht dir gesegnete Weihnachten.

Dein schönstes Geschenk

Jetzt, da du dies liest, nimm dir einen Augenblick Weihnachten vorweg. Atme aus. Dann hol Luft, laß sie wieder raus. Und jetzt genieß dies Inruhesein, denk nichts, red nichts, laß dir geschehen, daß du da bist. Spür, wie von dir abfällt alles Rennen und Hetzen. Einen Augenblick bist du dein Mittelpunkt, ganz bei dir. Um dich rum eine bewahrende Hülle. Du atmest wieder, läßt den Atem wieder los. Und vor dem nächsten Zug, diese Oase, spür sie. Es ist dir ein Verweilen beschert, eingeräumt ist dir das Wissen: Du bist gut, du bist im Frieden. Du kannst, was du mußt. Gleich wieder wirst du Notwendiges tun. Aber jetzt tu das Allernötigste. Nimm dir Odem, gut sein, eine Spanne Atem lang. Tu's jetzt, erst dann lies weiter. Schließ dazu die Augen.

Stimmt's? Du hast Weihnachten gefühlt. Diese Verläßlichkeit, die du nicht machst, sondern nur zulassen mußt. Du spürst das Tragfähige des Ganzen. Du fühlst dich eine Handbreit über den Dingen, der Eile entnommen. Dann kannst du wieder geschickt das Deine tun.

Noch tausend Handgriffe bis zum Fest, noch tausend kleine Entscheidungen, aus denen sich der Strom des Gelingenden speist. Aber du mußt nicht mehr meinen, ausgenutzt und verschlissen zu werden. In deinem Atmen, wenn du's bewußt tust, siehst du dich als Teilhaber von dem, was Frieden stiftet. In dir fließt die Energie, die den

92

Strom des Geschehens strömen läßt. Und dein bewußtes Atmen ist ein Beten – ein Zuhausesein bei dir, mitten in Trubel und Mühe. Atme nochmal tief mit geschlossenen Augen.

Gleich bei »Stille Nacht, heilige Nacht«, in der Kirche oder im Freien, mit Enkeln oder Kumpeln gesungen, atme tief und sieh in dir das Bild von der Krippe mit Jesus, dem leuchtenden Planeten, der alles um sich herum ins Licht der Liebe taucht. Glaub dich als friedensfähig, begabt zur Freude, verschenk dich heute, du kriegst mehr zurück. Es ist wie beim Atmen. Du bist ein beschenkter Mensch.

Wir alle lügen dann und wann

Ausnahmsweise lügen wir alle mal. Aus Höflichkeit: War das ein schönes Geschenk! Aus Bequemlichkeit: Ich hab dein Rufen nicht gehört. Aus Feigheit: Für dieses Thema blieb einfach keine Zeit! Aus Lieblosigkeit: Ich hab's vergessen! Aus Erwartungsdruck: Aber nächstes Mal bleib ich bestimmt länger! Aus Freiheitsgier: Ich geh nur mal ein Bier trinken! Aus Scheu: Ich möcht mir mal die Hände waschen! Aus Angeberei: 50 Mercedes überholt! Aus Angst, zu versagen: Ich bin heut zu müd! Zur Umsatzsteigerung: Ihr Zahnarzt nimmt auch diese Zahncreme! Zum Machterhalt: Von diesem Fehler hab ich nichts gewußt! Zum Liebeserhalt: Du hast mich falsch verstanden! Und so weiter.

Auch Politiker lügen natürlich. Sie sind auch in Ausübung ihres Berufes Menschen, was sonst. Einige Lügen gehören zur Staatskunst. Auch ein Lehrer wird der Klasse übergeordnete Gründe für die verzögerte Rückgabe der Klassenarbeit nennen, und wehe, er sagt, er sei zu faul gewesen. Mal darf er es augenzwinkernd durchscheinen lassen, aber in der Regel nicht.

Der gelernte Lehrer Möllemann stürzte damals stufenweise. Anfangs war es ein riskantes Schlittern, ein Jonglieren mit Macht und Einfluß, »Minenhund« nannte man ihn, den Mann fürs Grobe; naßforsch und durchtrieben, schien er die Aufsteiger der Nation zu repräsentieren. Was uns nicht umbringt, macht uns stärker, hätte sein Wort sein können, durchaus im Trend vieler Erfolgsorientierter. Ein Stück Gefälligkeit für einen angeheirateten Vetter auf Amtspost ist allein kaum der Rede wert in diesem »Eine-Hand-wäscht-die-andere«-Klima der Erfolgreichen. Bei einem Tadel von oben oder aus der Öffentlichkeit hätte ein Brief mit Eingeständnis der Ungeschicklichkeit an die vormaligen Empfänger genügt. Aber statt dessen log er sich raus bzw. rein. Und nach den forschen Sätzen, den angeblichen, aus der Karibik, hat die Presse unser aller Ohren gespitzt, und dann kam solche erhellende Verdunkelung wie diese: »Das mindert nicht den Vorwurf der unzureichenden Tatsachenfeststellung. Gelogen habe ich aber nicht.«

Unter Druck fliehen wir instinktiv. Im Reich der Sprache fliehen wir per Lügen. Manchmal kann es gutgehen. Meist aber machen wir so alles erst richtig schlimm. Standhalten der eigenen Fehlbarkeit, diese Größe hatte Bruder Möllemann nicht. Er mußte gehen. Aber ich kann sein Handeln nachvollziehen.

Entlassen zum Sterben

Am 18. Oktober 1989 wurde Erich Honecker, der damalige Staats- und Parteichef der DDR, gestürzt. Er flüchtete nach Moskau, wurde zurückgeholt und wegen der Todesschüsse an der Mauer angeklagt. Ein schnell wachsender Leber-Tumor wurde erkannt. Am 13. Januar 1993, nach 169 Tagen Untersuchungshaft, wurde Honecker freigelassen. Er reiste nach Chile aus zu seiner Familie.

Der baldige Tod steht ihm im Gesicht geschrieben, so war es recht, daß wir ihn ziehen ließen. Er hat keine Zeit mehr, auf Erden auch nur anfänglich seine Schuld zu büßen. Es blieb auch keine Zeit mehr, ihn seiner Untaten zu überführen im ordentlichen Prozeß. So beugt sich unsere Gesellschaft einem übergeordneten Recht: Sterbende soll man nicht aufhalten. Möglich, daß diese Lehre ihn noch erreichen kann und ihn doch noch verwandelt. Als unser Staat ihn Moskau abzwang, reckte er noch die Faust; als unsere Justiz noch auf Verurteilen aus war, gab er Kontra und sprach von Rache der Sieger. Jetzt lassen wir Gnade walten gegen den, der gnadenlos herrschte, der kleine Grenzsoldaten zu Mördern, schlichte Nachbarn zu Schindern machte. Vielleicht bekehrt er sich jetzt. Jedenfalls ist er ausgeliefert an sich selbst, was wahrlich keine spaßige Gesellschaft ist.

Daß wir unsere Rachegelüste bezähmen und eine Justiz uns leisten, die aufs Rechthaben verzichten kann, ist mir das eigentliche Honecker-Wunder. Ich kann's mir nur erklären mit der Hoffnung auf eine höhere Instanz. In Krankenhäusern tut man sich schwer, einen zum eigenen Sterben zu entlassen: bis zum Gehtnichtmehr bleiben viele an Apparate angeschlossen. Honeckers Entlassung hat wohl nur vordergründig mit dem Recht auf würdiges Sterben zu tun. Wir setzen insgeheim wohl auf eine jenseitige Gerechtigkeit, der er bald anheimfallen wird.

Und in der Tat: Daß ich zur Verantwortung gezogen werde, weiß ich. Das macht mir doch die Traurigkeit über viel Verpfuschtes und auch die Bereitschaft zu vergeben. Wenn nicht ein Licht zu erwarten ist, das über allen aufgeht und uns zueinander bekehrt, Opfer und Täter, woher nähmen wir die Kraft, das Dunkel schon ein wenig zu lichten; auch indem wir Macht durch Recht in die Schranken weisen, unter Mühen.

Geld – ein Segel in der Tasche

Eine Studie belegt, daß Glück wenig mit Geld zu tun hat. Mit höherem Verdienst steigt die Zufriedenheit kaum. Wie sagte es einer, der im Lotto gewann? »Mit Geld ist es längst nicht so schön, wie es ohne schwer war.« Denn wer mehr hat, dem steigen die Ansprüche. Daher kommt auch das Gefühl, daß man früher glücklicher war: »Als wir mit nichts unsere Ehe anfingen, liebten wir uns innig. Es ist wie bei den Kindern im Slum. Sie balgen und lachen und weinen und haben Spaß. Steckt man sie aber in schöne Kleider, verblühen sie.« Andererseits ist Hunger und kein Dach über dem Kopf die schärfste Gewalt. Nicht wissen, wie man sein Leben fristen soll, das zerstört alles Vertrauen. »Armut und Reichtum gib mir nicht, sondern laß mich mein Auskommen haben«, heißt es schon in der Bibel.

Aber, wie kommst du mit Geld klar? Geld ist ja geleistete Arbeit, von wem auch immer; ist bemünzte Mühe, ist Anrecht auf Leistung anderer, ein Segel in der Tasche. Manche können sich andere dienstbar machen, ohne viel zurückzugeben. Andere plagen sich – aber die Rahmenbedingungen, das Material, die Konkurrenz ist ihnen ungünstig. Wieder andere brauchen wenig Materielles, aber viel Zeit, Natur, Gespräch, Schlaf, Kunst. Wenn man das Geld abschaffte, blieben doch die verschiedenen Wünsche, bliebe die Ich-Sucht, die Verschiedenes begehrt.

Die Frage bleibt: Mit welcher Begabung kannst du anderen nützen und dir so deren Begabung zunutze machen? Hast du weniger Geld, als du brauchst? Dann vermehr deinen Einsatz für andere oder laß dir endlich bezahlen, was du so lange unentgeltlich schon tust – oder vermindere deine materiellen Wünsche. Erst wenn du beides nicht kannst, bist du arm dran. Aber solange du Spielraum hast zu entscheiden, bist du reich. Und solange du noch was zu verschenken hast, bist du sogar wohlhabend. Doch heute verschenk eine Rose, back anderen einen Kuchen oder bau ein Schaukelpferd. Wirklich arm ist, wer alles für sich behalten muß. An Verstopfung wird er sterben.

Laß es gut sein

Du hast ein Kind verloren. Es ist schon Jahre her, und doch
steht der Unfall gräßlich vor dir, ungerufen immer wieder
ist da die frische Wunde. Ach Mensch, laß es doch heilen.
Dein Kind wollte leben, ja. Aber es konnte nicht bleiben.
So liebend gern hättest du es begleitet hin zum Erwachsenwerden, ihm all die Schritte beigebracht, ihm so vieles
erklärt, hättest für dein Kind noch so viel kluge Antworten
gesucht, so viel Erstaunliches wolltest du ihm noch zeigen
und an seinem Staunen dich freuen. Es konnte nicht sein.
Ja, du bist arm geworden um all die nicht gegebenen Küsse
und Worte, das Lachen, arm auch um den Streit, welche
Grenzen, welche Pflichten nötig seien. Und du hast deine
Entwicklung an der Hand dieses Kindes nicht fortsetzen
dürfen. Es hat dich schon so vieles gelehrt, es hat in dir eine
Sanftmut entbunden, ein Verantwortungswissen, das du so
von dir nicht kanntest. Es bleibt ein Jammer. Und doch.

Und doch ist es dein Kind. Es ist nicht vorbei, sondern
voraus, nicht verloren, sondern gefunden, nicht verlassen,
sondern heimgekommen. Hier auf Erden war es in der
Fremde, nur von der Liebe ein Stück behaust. Wir alle sind
hier nur vorübergehend ausgesetzt ins Freiland Leben, um
unter Mühen Gemeinschaft und Freundschaft und Ich-
Werden zu lernen. Aber vollständig, gut und ganz, werden
wir erst, wenn dieses zerrissene Lieben mündet in die wunderbare, ewige Fülle. Was uns Abbruch scheint, ist schon

vollständig und ergänzt, ist in der Mitte des Glücks, ist im Herzen aller Dinge.

Du wußtest es in klarsichtigen Augenblicken immer, daß Dein Kind dir nur anvertraut ist auf Zeit vom Geheimnis der Welt. Du warst sorgeberechtigt, du warst Engel, Bote, Stellvertreter, Helfer. Du hast gegeben und genommen. Nur Dank bleibe dein Gefühl, nicht endender Dank für alles, was euch miteinander gelang. Und weil es so intensiv war, wolltest du immer mit diesem Kind zusammen sein. Aber laß es gelten als deine große Zeit, in der du selbst gewachsen bist. Und keine Vorwürfe mehr, weder gegen Gott noch andere Menschen noch gegen Dich selbst. Dies furchtbare »Hätte« und »Wenn, wenn«. Letztlich sind nicht die Macher und Füger, sondern Fügung taucht uns ins Leben und holt uns wieder zurück. Und die wir lassen mußten, kommen in anderen Kleidern wieder. In jedem Kind ist deins.

Gönnen können

Ja, wir sind schwierig. Festhalten, rechthaben, beharren auf Standpunkten, Kompetenzen, Vorrechten – dafür haben wir eine Nase. Bei anderen staunen wir, wie stur sie im Fahrstuhl stehen als Eiche, wie sie ihre Vorfahrt erzwingen, am Telefon scherzend sich ergehen, trotz langer Schlange vorm Häuschen. Doch der uns bis zum Hals steigende Groll zeigt auch unsere mangelnde Geduld. Vielleicht braucht er viel Platz, weil er vor Nähe sich ängstet, muß seine Vorfahrt haben, weil sonst sein System zerspringt, muß so viele Worte machen, um sich anzupreisen. Du hast es doch mit dir selbst auch nicht leicht. Was meinst du, wie schwer es ist, der andere zu sein. Gönn ihm sein Tempo, sein Gefühl, seine Enge, seine Großzügigkeit.

Kam die Magd ganz aufgeregt zum Rabbi: »Der Bettler sitzt von Ihrem Geld in der Kneipe bei Rebhuhn!« Und der weise Gottesfreund: »Ich wußte nicht, daß er solche Ansprüche hat, sonst hätte ich ihm mehr gegeben. So muß er ja gleich wieder betteln!«

Einige haben diese Leichtigkeit, diese Freudelust, im anderen Freiheit und Glück anzuzetteln. Großväter unterlaufen die Sparsamkeit gegen die Söhne an den Enkeln; nach einem durchwachsenen Eheleben können Verwitwete noch ganz andere werden. Und diese schwelende Eifersucht, ist sie denn wirklich Schicksal? Argwöhnisches Bewachen zerstört mehr als es hütet. Geiz, der sich und anderen nichts gönnt, läßt alle Lebendigkeit verdorren.

Sicher müssen manche Menschen ihre Siebensachen an sich festzurren, weil sie oft bestohlen wurden. Von früh an fühlen sie sich ausgenutzt, in Schach gehalten, hatten nichts Eigenes. Sollen sie keinem was von sich gönnen, kein Lob, keine Steuern, keine Güte. Aber dir, mir ist doch so viel gegönnt an Zeit und Begabung und Freundlichkeit. Wir müssen nicht kleinlich sein mit uns und dem Nächsten. Wir haben doch Talent, dem andern zu sagen: »Werde glücklich!« Und erst im zweiten Satz: »Wenn möglich mit mir!« Wir können die Freude anderer fördern und genießen, als wärs die eigene. Man muß gönnen können. Lernen wir's noch mehr.

Entführt werden

Schauerlich, wenn Menschen uns ihren Willen aufzwingen und wir können ihnen nicht entrinnen. Tausendmal hat man es vor dem Fernseher mitbekommen, daß andere vergewaltigt, zusammengeschlagen, aus Zügen gestoßen, entführt wurden – so echt, daß wir uns in ihnen als Opfer fühlten. Doch der Griff in die Sessellehnen brachte uns aus dem Schrecken nach Hause, man sieht das Vertraute an seinem Ort: also bin ich hier und nicht irgendwo unter die Räuber gefallen.

Doch täglich wird für viele ein Verbrechen furchtbare Wirklichkeit. Was weit weg, ganz am äußersten Rand des eigenen Lebens als eigentlich unmögliche Möglichkeit drohte, als rein statistische Zahl, ist auf einmal mit meinem Namen, meinem Körper, mit mir selbst identisch. Nicht irgendein Flugzeug wird irgendwo entführt, sondern ich. Mein Sterben wird mir aufgezwungen, sie treffen schon die Vorbereitungen für meinen Tod. Und ich kann nichts machen, jede Aktion wäre der sichere Verderb. Ich kann mich nur ducken, die Augen schließen und mit meiner Seele reden. Dies Selbstgespräch stand schon lange an, wahrscheinlich werde ich auch jetzt mich drücken: allein schon meine Angst, daß mein Nebenmann die Nerven verliert, unterdrückt mir meine Gedanken.

Aber diese Spanne Zeit zwischen Himmel und Erde, Leben und Tod könnte mir die intensivste Frist für Wahrheit

sein. Vielleicht würde ich ganz ehrlich, zöge Bilanz, ohne
all die Rücksichtsnahmen, Verpflichtungen, den Stolz, die
Angst. Könnte ich so gehen, wenn ich gerufen würde: wie
würde ich vor Gott ankommen, jetzt? Hab ich den Arbeitsplatz meines Lebens sauber hinterlassen? Die ich lieben durfte, sind sie versorgt, ein Stück weit wenigstens,
oder laß ich nur Schuld und Schulden zurück, so daß man
mir nachflucht? Muß ich vergehen vor Scham bei dem Gedanken, keine Zeit bliebe mir mehr, wieder gutzumachen,
Vergebung zu erbitten und auch zu gewähren? Was muß
ich wem noch aufschreiben, in der Hoffnung, daß er die
Botschaft erhält? Und vor allem: Ich bete, aber weiß nicht,
was ich beten soll, außer: »Kümmer dich Gott um die, zu
denen ich noch gern gehört hätte. Und sei mir Sünder gnä-
dig.«

Was aber, wenn ich noch wieder heil lande? Getragen
worden sein durch Hölle und Himmel, das verwandelt. Ich
weiß nicht wie, aber ich werd ein anderer Mensch und freu
mich darauf.

Wenn sich einer von hier losreißt

Da lebt man nebeneinander, weiß dies und das vom andern, streitet, lacht, diskutiert und hat Gefühle füreinander, die wieder verwehen, und jeder lebt sein Leben.

Und dann kommt die Nachricht, und sie läßt das Blut in den Adern gefrieren. Er konnte nicht mehr, meinte, nicht mehr leben zu dürfen.

Und die Hand hält den Mund zu vor Schreck, gelähmt rast es durch den Kopf: Warum er, warum? Wir suchen Gründe, suchen greifbaren Sinn, Erklärungen dieser dunklen Tat, die ja auch Untat ist: Verneinung jeder weiteren Tat auf dieser Erde. Man sucht sein Bild, die letzte Begegnung, den letzten Eindruck. Eben noch hat man ihn zum Kauf einer Bahncard überredet, da muß er also noch viele Fahrten vorgehabt haben. Aber jetzt, im nachhinein sprachen auch Schattenlinien anders: Der Wunsch, daß man sich mal wieder sieht, und dann wieder Absage des verabredeten Termins. Grandiose Sätze und kleinmütige Gesten im Wechsel. Wie ließ man den andern allein, der sich Einmischung verbat und gleichzeitig Verständnis suchte.

Und dann denkt man an seine Frau, das große Haus, das Schweigen, das über sie hereinbricht; und die Geschäftigkeit, die jetzt unvermeidbar ist. Der Menschheit ganzer Jammer packt einen an. Und man schaut aus dem Fenster, sucht etwas Farbe, Schneeglöckchen, die im Wind zittern und doch verwurzelt sind – sie müssen leben, leben automatisch, ihnen bleibt nichts anderes übrig. Sie sind einfach da, sie gehen nicht weg, sie vergehen, wenn sie ihre Zeit hatten und kommen wieder, in neuen Kleidern, wenn es wieder Zeit ist.

Nur der Mensch muß nicht leben. Er kann auch anders, wenn er nicht mehr kann. Damit verneint er nicht das Schöne, das Glück, die Liebe, aber er verneint die Bedingungen, die ihm schmählich scheinenden, sieht sich zu klein, um den großen Scheck des Lebens zu wechseln, und gibt ihn zurück nach vielen Versuchen.

Ungeheuerlich groß muß die Sehnsucht gewesen sein in ihm nach Glück und Güte, nach Wachstum und Gelingen. Aber er stieß an Grenzen, mit denen er sich nicht abfinden konnte. So sprang er aus dem Leben. Aber wohin?

Wenn wir uns das Leben nehmen, dann nehmen wir uns ja das ewige Leben, ziehen uns in einem letzten Kraftakt hinüber nach Anderland, kriechen zurück in den Schoß des väterlichen, mütterlichen Gottes, hoffen, endlich heil zu werden und einig mit uns selbst.

Und wir bleiben zurück, wir sind Hinterbliebene. Er ist am Ziel. Wir aber müssen noch. Und dürfen noch und können noch und wollen noch. Und es ist nur Gnade, und wie wir klarkommen, es steht alles dahin.

Glaub nicht an die Gewalt

Das ist doch der Irrtum der Gewalt: Sie glaubt nur an ihre Stärke. Das Messer im Springerstiefel, der Schlagring in der Hosentasche, Waffenarsenal unterm Bett. Karate.

Zum Frühstück Geld zum Gefügigmachen. Im Fernsehen Mord und Totschlag zu kinderfreundlicher Zeit. Man müßte mal genauer hinschauen, welche Botschaft wir finanzieren: Kinderschokolade und Kinnhaken, Badeschaum und Sprengstoff – welch eine perverse Mischung füllen wir unseren Kindern ein. Lutschen und quälen, andere für sich springen lassen, das ist der Lernstoff von heute. Und willst du nicht mir nützlich sein, so hau ich dir den Schädel ein, das Glaubensbekenntnis unserer Tage. Aber warum?

Vielleicht ist ja Gewaltgier der harte Kern unserer Triebe und die Erziehung zu Güte und Freundlichkeit nur dünner Mantel darüber. Es ist ganz leicht, uns wieder in die Steinzeit zurückzubeamen, auch durch Glotzen. Vor 50 Jahren hatten wir einen Staat, der Gewalt anbetete. Er hat, Gott sei's gedankt, total kapitulieren müssen. Aber da hat sich erwiesen, wie kurz und schmerzvoll einer Gesellschaft Menschenverachtung angezüchtet werden kann und der Mantel der Nächstenliebe ist nur noch Müll.

Ich will nicht an die Kraft der Gewalt glauben. Und du auch nicht. Noch leuchtet uns die Liebe als das einzig Sinnvolle ein. Noch empörst du dich über Gewalt vor deinen

Augen. Noch erschrickst du über dich, wenn du brutal dich durchsetzt. Noch zahlst du für Kirche, die zu Vertrauen ermutigt. Noch können wir Gewalt entlarven als das, was sie ist: als Greuel und Leere, als Feigheit, als Frevel. Jeder Form von Komplizenschaft mit Gewalt müssen wir widerstehen. Wo Menschen zu Objekten, zu Sachen gemacht werden, ihnen Freiheit beschaffen; wer demütigt, den unermüdlich zur Rede stellen; wer verhöhnt, den entlarven; wer Furcht einflößt, gib der Lächerlichkeit preis; wer Gewalt mit ansieht, den zieh weg, auch vom Fernseher, zieh ihn in ein Gespräch, unternimm etwas Menschlicheres mit ihm als sich am Leid anderer zu weiden. Verfall nicht dem gefährlichen Charme der Verrohtheit (Botho Strauß). Es ist doch ein Widerstand in der Welt gegen Gewalt: Die Gabe des Schwachen, den Starken umzustimmen, ihn zart zu machen, ihm die geballten Fäuste aufzufalten mit Zartheit. Wie bist du schon oft zur Güte bekehrt worden, statt Haßgesicht fandest du dein freundliches Gesicht wieder. Noch können wir einander retten, noch.

Mehr Heimat

Heimat ist, wo man sich nicht erklären muß, wo man die-
selbe Sprache spricht, Landschaft als vertraut wieder-
erkennt. Und die Zeichen lassen statt Kopfschütteln ein
Aha erleben. Sicher ist der Bedarf an Heimat verschieden
groß. Einem reichte ein Globus mit seinem Stadtviertel,
dem andern ist die Erde ein Dorf. Doch selbst der, der aus
seiner Stadt kaum rauskommt, wird zum Beispiel Dresden
als nachbarlich erleben. Und der Globetrotter war sowieso
schon oft da.

Ich wußte nicht, wieviel Heimat ich wiedergewonnen
habe, bis ich jetzt endlich da war. Natürlich auch die Plat-
tenbauten und der ätzende Braunkohlegeruch von vielen
noch mit Öfen beheizten Wohnungen. Auch Menschen,
denen ihre alten Sicherheiten weggebrochen sind, die sich
ungebraucht und ausgenutzt fühlen, in drei Jahren um Generationen gealtert. Aber auch und erst recht fand ich
Schönheit von hohen Graden, eine Stadtsilhouette, wie sie
malerischer nicht sein kann, die Prachtbauten am Ufer der
Elbe, die in einem grandiosen Gewaltakt gezaubert und
erzwungen worden sind: Schloß und Zwinger, die Hofkir-
che, Semperoper, Albertinum, die wohl edelst proportio-
nierte Gemäldesammlung alter Meister – jeder kennt Raf-
faels Sixtinische Madonna samt den Engelköpfen, die am
unteren Rand sichtlich ermüdet von so viel Schönheit sich
langweilen. Und hier hält das Schönheitsideal von Jahr-

hunderten Hof. Aber du warst noch nicht da. Davon geht dir die Welt nicht unter, aber komm und sieh!

Und sieh, wohin Deutschlands Größenwahn uns ritt: Auf zwanzigtausend Porzellankacheln ist am Schloß der Fürstenzug gemalt: Hohe Herren, stolz auf breiten Gäulen – ein Steinwurf weiter der Trümmerberg der Frauenkirche. Jetzt bergen sie Stein für Stein, messen sie, schichten sie in Regale für den Aufbau. »Gibt es nichts Wichtigeres, als für 200 Millionen eine riesige Kuppelkirche zu rekonstruieren?« – Sicher muß man so fragen. Aber hätten die vor zwei, drei Jahrhunderten so gefragt, oder nach dem 13. Februar 1945, dem furchtbaren Luftangriff, »wo nur noch Sodom und Gomorrha war« (Erich Kästner), so gäbe es Dresden nicht, gäb es überhaupt nichts Bewundernswertes von Menschenhand.

Deutschland – schwieriges Vaterland, wohl wahr. Wir werden alle ärmer im Portemonnaie, aber reicher an anderem, an Verwandtschaft, an Landschaft, an Kunst, an Vielfalt, an Erfahrung, Lebensstil und Aufgaben, werden reicher eben an Heimat.

In deinem Element

Manchmal kommt man sich bei sich selbst vor wie uner-
wünschter Besuch. Man kann sich nicht leiden, sagt zu sich
im Spiegel: »Miese Type.« Und manchmal: »Heute ist
nicht mein Tag.« Und am liebsten nähme man Auszeit, will
abtauchen, nichts mehr merken. Das ist so mit uns komplizierten Menschen, wir sind manchmal unten durch. Und
gut, wenn wir uns dann zurückziehen können, andere wenig belästigen und von den Nächsten ertragen werden.

Aber im großen und ganzen passen wir doch zum Leben, können ganz erstaunlich durchkommen; haben ein
Geschick, zu den Umständen zu passen und diese in Maßen auch uns passend zu machen. Manche alt gewordenen
Menschen beklagen ihr Alter, aber eigentlich haben sie mit
Energie den Verhältnissen immer wieder Glück abge-
zwungen, konnten erfahren, daß sich ihnen die Dinge zum
besten kehrten.

Wer alt geworden ist, hat eine Unmenge Bewahrung erlebt. Jeder Hochbetagte ist doch ein Beweis, daß das Leben
eine wunderbare Erfindung ist – fast kann man nicht genug
davon kriegen.

Und wie oft hast du dies Gefühl verspürt: Gut zu leben!
Jedes mit Behagen genossene Brötchen mit gutem Kaffee
ist doch eine kleine Offenbarung. Wie oft pfeifst du, singst
du, schmunzelst du; entdeckst dich, wie du wohlgefällig
ein Liebespaar schlendern siehst oder ein Kind, vertieft in

sein Spiel oder Männer um den Ball kämpfen, als stünde ein Königreich auf dem Spiel. Doch, du bist oft in deinem Element hier. Findest das Leben gut, und das Leben findet dich gut. Meist kannst du, wenn du willst; willst, was du sollst. Wie oft bist du mit einem blauen Auge davongekommen, wieviel wurde dir vergeben, wieviel neue Chancen kamen hinter den Biegungen deines Weges zum Vorschein. Sag doch, was war denn nur schwarzes Loch und Grauen? Hast du nicht auch daraus gelernt und bist daran gewachsen? Ja, es ist tiefstes Leid auch bei dir. Aber die Liebe hat nicht abgelassen, dich zu suchen. Und manchmal berührt sie dich und du weißt wieder: Nie willst du dich von hier wegwünschen.

Jeder Morgen ist eine neue Berufung (Martin Buber), das Leben zu pflegen bis zum äußersten. Gott, die Welt, das Leben schulden uns nichts. Aber wir alles. Heute dir einen Tag, da du dich in deinem Element fühlst, geschickt, maßvoll, mitfühlend, lebensselig.

Niemals würd ich zum Wahrsager gehen

Es soll Menschen geben, die in die Zukunft schauen können. Wie ihre Begabung, die zugleich eine Mühsal ist, zustande kommt, weiß ich nicht, interessiert mich auch nicht. Ich weiß nur, daß ich mir meine Zukunft nicht durch Vorblicke beeinflussen lassen will. Das ist doch die Tragödie: Wenn ich weiß, was kommt, muß ich dem entgegenfliegen oder ihm auszuweichen versuchen. Ich bin nicht mehr frei, gelassen mich dem Tag, den Pflichten, den Freuden zu stellen. Ich muß machen, daß sich die Voraussage von selbst erfüllt. Wenn mir ein Unglück auf den Kopf zugesagt wird, werde ich das Bett nicht mehr verlassen und mich gerade so unglücklich machen. Und wenn mir eine große Liebe ins Haus stehen soll – wenn ich die überhaupt empfangen will – werde ich mit meiner Sprungbereitschaft wohl alles verderben.

Ich bin fest davon überzeugt, es ist gut, daß die Zukunft dunkel ist. Ich habe doch schon über und über damit zu tun, das im Blick zu behalten und zu verwerten, was sich abzeichnet. Und du doch auch. Die Schulden bei der Bank, die Verschattung auf der Lunge. Und im großen: Müll und Gewalt und mehr Flüchtlinge durch mehr Hunger. Wir haben doch alle Hände voll mit dem zu tun, was wir wissen. Und schaufeln uns sehenden Auges in Richtung Untergang.

Wie wäre es denn, wenn wir unseren Alltag in Ordnung

brächten. Dann könnte uns wieder aufregend Neues widerfahren. Und wenn wir unsere Vergangenheit aufgeräumt haben, dann kann, wenn es an der Zeit ist, uns auch wieder eine Liebe erreichen. Und solange wir am Verkehr teilnehmen, sind wir potentielle Täter und Opfer – ob die Vorsicht und die Gnade des Geschicks reicht, wissen wir erst im Nachhinein. Wüßten wir vor Antritt der Fahrt, daß wir heil ankommen, wie schlampig würden wir fahren. Wüßten wir den sicheren Lotto-Tip, wäre das Spiel kaputt, wenn keiner mehr mitmachte.

Ach, bin ich froh, daß ich nicht weiß, was morgen ist. Es kommt mir aus einem guten Schatz. Ich nenn ihn Gott, die unausschöpfliche Fülle guter Möglichkeiten. Ja, auch Katastrophen können mir zustehen. Ich habe kein Recht auf Verschontsein, wenn Gott selbst sich nicht vor dieser Welt verschont. Mir reicht, von der Zukunft zu wissen, daß Liebe mich erreichen will und mit mir gelingen will. Auch der Tod bricht diese meine, deine Bestimmung nicht ab. Sagen wir doch: Alles, was morgen ist, wenn es auch Sorge ist, ich sage: ja.

Ostern ist die Sensation

Bunte Eier und Käsekuchen sind auch gut. Ein paar freie Tage nicht zu verachten, mit der Familie mal wieder was machen – das ist längst fällig. Mal wieder chic gekleidet ausgehen oder eine große Tour durch Wälder spuren ist tröstlich und erbaulich. Aber nur ein Alptraum ist es, daß die Sensation, das grundstürzende Ereignis von Ostern, kaum noch bemerkt wird. Dabei ist unser aller Weltbild dermaßen gezeichnet von Jesu Auferstehung – gratuliere dir, daß deinem Basiswissen immerhin noch zum Stichwort »Ostern« dies einfällt; selbstverständlich ist das nicht mehr.

Jesu Auferweckung am dritten Tag nach seinem Sterben am Kreuz behauptet nicht die Wiederbelebung eines Toten, der später dann doch endgültig Asche wird. Sondern verbürgt, daß dieser Mensch und nach ihm alle Kreatur Zukunft mit Gott hat. So ist Ostern das Zerbrechen einer engstirnigen Wirklichkeit, die mit dem Tod »alles aus« sieht. Ostern entzieht einem Rechnen den Boden, wo Sterben Schlußstrich ist. Seit Christus gießt uns der Tod in eine andere Form, hebt uns in eine neue Seinsweise. Diese ist von hier aus unter den Bedingungen der begrenzten Zeit nicht auszuloten. Aber mit Christi Auferstehung hat der Tod als letztes Ende abgewirtschaftet. Gottes Liebe hat einfach mehr mit uns vor, als er zu Lebzeiten realisieren konnte.

Vielleicht ist es wirklich so einfach wie mit dem Kind und seinem Hund. Es will, daß der Hund so lange lebt wie das Kind selbst. Und Gott liebt seine Kreatur mindestens genau so innig, darum will das Geheimnis der Welt immer uns bei sich haben. Da das aber nicht auf dieser Erde geht und Menschen begrenzte Zeit brauchen, um sich verantwortlich entwickeln zu können, muß der Tod sein. Aber eben nicht als Trennung von Gott und Sinn und auch nicht als Strafe. Genau diese wahre Qualität des Todes und damit der Zeit hat Jesus mit seinem Weg zum Kreuz ermittelt: Vor uns immer Liebe, Vollständigwerden, Vollendung, immer Erwartetwerden.

Mindestens drei Wunder zeichnen die Wirklichkeit aus: Daß die Schöpfung gelang. Daß du gelungen bist. Und daß die Liebesgeschichte Gottes mit der Welt und mit dir unendlich ist. Ostern klärt: Du, immer neu freigesprochen, neu anzufangen. Darum sind die kleinen, bunten Ostereier mehr als Dekoration. Nimm sie als Einladung zu wieder neuem fröhlichem Anfang, zu Lebensmut und Verwandellust. Dir herzhaft fröhliche Ostern!

Der Preis der guten Meinung

Keiner enttäuscht gern. Je näher Menschen uns stehen, desto wichtiger ist uns, daß sie ihre gute Meinung von uns behalten. Aber oft ist uns der Preis zu hoch. Ihr gutes Bild von uns, so schmeichelhaft und gewinnbringend es auch sein mag, verlangt uns Kraft ab, die wir oft für anderes brauchen. Dann zerren in uns zwei Interessen: Es ihnen recht machen und uns selbst auch.

Jeder Job ist ein Kräftespiel zweier verschiedener Erwartungen. Der Chef will viel Nutzen von mir – und ich will viel Nutzen für mich. Ideal ist's, wenn beide die positiven Erwartungen gegeneinander erfüllen. Das kann gelingen, wenn sie nicht zu viel voneinander erwarten und sich klar sind, daß jeder sein eigenes Interesse hat, diese sich aber zum Glück teilweise überschneiden. Genau dieses Quantum aushandeln – ich gebe dir und du gibst mir – ist eine Lebenskunst. Daß sie, wenn auch unter Mühen und Knirschen, überhaupt gelingt, wenigstens auf Zeit, das gehört zu den Wundern der Schöpfung wie der Frühling.

Weil wir Menschen sind, die mal mehr, mal weniger können und wollen, dürfen wir auch enttäuschen und müssen Enttäuschungen hinnehmen. Ich bin nicht genau der, für den der Nächste mich hält. Ich bin ja nicht mal genau der, der ich sein will. Ich muß ja selbst so viel Täuschung über mich verkraften. Ist nicht jedes Altern ein fortwährendes Klären, wer ich denn nun wirklich sei, nachdem das Leben eine Schicht nach der anderen mir abgeschält hat? Darum gibt es doch unter den Altgewordenen so viele helle Gesichter, weil sie endlich Frieden mit sich gemacht haben und keine Rolle mehr verkniffen darstellen müssen.

Wenn wir Menschen lieben, wollen wir sie nur ja nicht enttäuschen. Aber gelegentlich weiß die Liebe: »Wer sich im andern irrt, hat das größere Unrecht.« (Christa Wolf) Er hat verkannt, hat sich was vorgemacht, hat sein Bild vom andern geliebt, aber nicht ihn.

Daß wir mit heiligem Geist in diese Liebe hineinwachsen können, zeigt Jesus in einer bewegenden Szene: Sein Freund Simon, ein Haudegen, ein Pfundskerl mit großen Schwächen, schwor Stein und Bein, ihm immer treu zu sein. Jesus sagt ihm auf den Kopf zu: »Bevor der Hahn zweimal kräht, wirst du mich dreimal verraten.« Als Simon ihn dann verleugnet, sieht Jesus ihn unenttäuscht an, ohne Vorwurf, und macht ihn später zum Felsen (Petros).

Konfirmation ist ein Glück

Endlich mal ein Fest für dich. Du im Mittelpunkt. Du wirst gewürdigt als erwachsen werdend. Du, kein Kind mehr, sondern freigesprochen zum eigenen Gewissen, zu eigener Würde und Entwicklung. Und alle, die dein Kindsein begleitet, gesteuert, besorgt haben, nehmen dich neu wahr. Nicht mehr »unser Kleiner«, nicht mehr »unser Püppchen«, sondern du, ein eigener Mensch mit eigener Berufung zu eigenem Schicksal. Du bist bereit, dich als selbständig werdend zu akzeptieren, bereit, mal selbst für dich und andere zu sorgen. Und deine Eltern und Nächste versprechen mit dem Fest, das sie dir geben, dich zu achten in deinen sich verändernden Bedürfnissen.

Ich weiß keine andere Institution, die Vollmacht hätte, diesen Schritt zu gestalten, als Kirche. Nur Kirche hat familien- und staatsübergreifend das uns alle Verbindende und zur Persönlichkeit Machende in ihrem Schatz: »Du, Gott liebt dich und braucht dich, darum lebst du!« – In der Taufe ist dir dafür das unverbrüchliche Siegel gegeben. In der Konfirmation eignest du es dir an. Du erklärst: »Ich will Christ bleiben und werden.« Und »Christ« meint: Ich, Person, einzigartig, von Gott gewollt und begabt, ins Leben, in die Lehre geschickt, daß ich werde und einmal mit großer Beute an Erfahrung und Schuld und Lieben und Geliebtwordensein und viel Arbeit von hier zu Gott heimkehre.

Der Schritt zum Erwachsenwerden wird durch ein Fest gekennzeichnet. Das Fest weiht ein, wurzelt ein in die Gewißheit der Generationen: Du bist ein von Gott zu eigenem Gewissen und Schicksal bestimmter Mensch; du hast Kraft und wirst immer neu Heiligen Geist bekommen. Jetzt geh ran an dein eigenes Leben. – Richtig, daß wir den Nachwuchs beschenken mit guten Wünschen, stärkenden Reden und erfreulichen Gaben. Ich kenne keinen, der seine Konfirmation bereut hat.

Geradezu menschenverachtend ist die Unterstellung, die Jungen wollten das Fest wegen der Geschenke. Die Sache dieses Tages ist ihnen todernst, lebensernst. Aber wir, die wir schon etwas länger das Erwachsenwerden üben, tun viel zu oft so, als zähle nur Geld. Daß wir es im Innersten besser wissen, merken wir, wenn die, die eben noch Kinder waren, uns rühren, wie sie zum Altar schreiten mit Ehrfurcht. Sie ahnen, daß sie viel Glück und Klugheit, viel Segen brauchen fürs mühsam, schöne Leben. Konfirmation ist ein Kredit an Mut und Hoffnung. Zu schade, ihn zu verpassen aus Elternskepsis oder eigener Trägheit. Jetzt lebe auf, lache gut, mache deine Sache gut.

Arbeit gibt's genug

Arbeit gibt's genug. Kinder müssen erzogen, Alte in Treue begleitet werden. Essen will erst mal gekocht sein, Recht gefunden, politischer Konsens bewirkt sein. Und immer wieder muß Ordnung gestiftet werden. Unordnung, Gewalt, Chaos wachsen von selbst. Abwasch, versöhnendes Gespräch, Frieden braucht zähe Arbeit. Zum Tag der Arbeit zu allererst Dank den Menschen, die sich mühen und den Umständen Gedeihliches abringen.

Arbeit gibt's genug, aber nicht genug Geld. Darum bleibt viel Arbeit ungetan. Dank am Tag der Arbeit all denen, die unbezahlt Nötiges tun. Ehrenamtliche Mühe, alle nachbarschaftliche und kollegiale Hilfsbereitschaft, alle Nächstenliebe, alle Hausarbeit sei bedacht.

Mit die wichtigste Arbeit ist, Menschen ihren Fähigkeiten gemäß in Arbeit zu bringen. Bedenk mal, wer dich den Fleiß lehrte, wer dir Geschick und Wissen beibrachte, wer dir Mut machte, anzufangen, wer dir Verantwortung übertrug, und du konntest daran wachsen. Dank am Tag der Arbeit den Lehrern, Meistern, wahren Freunden. Sie glaubten an dich, bevor du an dich glaubtest. Ruf einen an, schreib's, sag's ihm / ihr. Wenn du Arbeit hast, weißt du, wieviel liegenbleibt. Denk nach, berate dich mit anderen, ob nicht ein(e) neue(r) Mitarbeiter(in) hinzukommen soll, klärt mal, was ihr besser machen könntet mit mehr Leuten und wie das Bilanz und Stimmung heben würde.

Sicher ist, daß wir uns alle gegenseitig verrückt machen, wenn die einen überfordert sind vom Arbeitspensum und die anderen davon, nicht gebraucht zu sein. Hast du wirklich dieses Quantum bezahlte Arbeit nötig, um dich und deine Anvertrauten durchzubringen? Oder kannst du um ein Viertel reduzieren, Arbeit und Lohnempfang? Vielleicht bist du einzigartig qualifiziert. Aber du bist es, weil andere mal ihr Wissen mit dir teilten. Am Tag der Arbeit müssen wir, die in bezahlter Arbeit stehen, denen danken, die uns die Arbeit lassen. Sicher gibt es unter ihnen auch Bequeme. Aber die meisten Arbeitslosen leiden und werden mutloser von Tag zu Tag, kämpfen nicht mehr, sehen sich von den Erfolgreichen beschämt, wagen keinen Anfang mehr. Allermeist ist es nicht ihre Schuld, wie es nicht unser Verdienst ist, in Stellung zu sein. Und bedenk am 1. Mai auch das: Etwas verwirklichen tut gut. Je mehr wir von uns selbst reingeben, um so mehr bekommen wir für uns raus.

Freispruch von den Eltern

Sicher gibt es viel zu frühe Abschiede von den Eltern: zerrissene Lieben, frühes Verwaisen, Unfall oder Scheidung – Amputationen, die den Phantomschmerz des Verlorenen immer beibehalten. Es gibt Eltern, die ihre Kinder von sich abschütteln und sich eine neue Biographie erzwingen. Es gibt Verwahrlosung und die lebenslange Suche von Kindern nach ihren wahren Müttern und Vätern. Und manche Ehe scheitert an eben dieser Verkennung. »Ich bin nicht deine Mutter«, »Ich bin nicht dein Vater, kapier das doch endlich.«

Doch wem die Gnade zuteil wurde, seine altgewordenen Eltern begleiten zu können bis zum Grab, der sammelte einen Schatz mühsamer, glückhafter Erfahrung. Der Freispruch zum eigenen langen Leben ist köstlich. Von Kindesbeinen an war die Wahrnehmung der Eltern und durch sie wesentlich. Ja, da gab es auch Strecken, die man allein ging, ganze Jahre mit lockerem, leichten Kontakt. Jeder machte Seins, nur mal öfter ein Anruf, zuweilen Besuche. Später wieder Rufnähe, wenn man für die Kinder Babysitter brauchte. Und wieder Jahre freundlichen Austausches. Man hielt sich gegenseitig auf dem Laufenden und freute sich aus der Ferne über das Gedeihen des anderen. Dann – das Altern der Eltern, ihr schrittweises Angewiesenwerden auf Hilfe von außen, der sich verengende Freundeskreis, die nachlassenden Kräfte, die kleineren Schritte, die Wiederholungen beim Erzählen, die klaren Erinnerungen bei gleichzeitigem Vergessen des eben Geklärten. Und das Erschrecken, wie wir Kinder ihnen Eltern werden müssen, wie wir in die Pflicht genommen sind, für sie zu sorgen, jedenfalls für sie die Obhut sicherzustellen. Und manchmal über Jahre sind wir wieder angebunden, zum Dienen verpflichtet; sie werden von uns abhängig, sind unserer Geduld und unserem Unvermögen ausgeliefert, sprechen uns wieder schuldig mit ihren bedürftigen Augen, ihrer nackten Notdurft.

Hoffentlich fanden wir Menschen, die ein Stück Last mit trugen. Und hoffentlich haben wir den Wechsel erlebt, wie ihr Beurteilen und Zuteilen, wie ihr Herrschen niederglomm und der gütige, dankbare Mensch zum Vorschein kam. Dann gelang uns hoffentlich die Reife, zu gewähren, was wir als Abgezwungenes so oft verweigerten.

Wenn die Eltern, ganz klein geworden, sanft hinübergehen konnten, dürfen wir das als Freispruch lesen; dürfen jetzt wie neugeboren ans eigene Leben gehen, gestärkt, ohne Angst vor Altern und Sterben. Wenn wir sie ein Stück behüteten, wird uns zum Segen, daß wir ihren Dank, ihr Getröstetsein sahen.

Warum bin ich behindert?

Warum, Mutter kann ich nicht so sein wie die andern; warum hab ich diesen Schaden; hat mich Gott nicht so lieb wie die andern? Die können alles und lachen mich aus. Mutter, sag mir, warum gerade ich? – Immer wieder diese furchtbare Frage, die der Mutter das Herz aus dem Leib reißt. Und sie weiß keine Antwort, darf auch nicht sagen, daß sie selbst ähnlich fragt: Warum mein Kind? Schon mal hat das Kind noch furchtbarer gefragt: Doch, du hättest auch gern ein gesundes Kind, das rumtollt wie die andern, ich weiß es. Und im Erbleichen konnte die Mutter sich und das Kind retten: »Nein. Ich will dich. Egal, wie du bist. Hättest du die Behinderung nicht, wärest du nicht du.« Diese Mutter ist ihrem Kind Pfand und Garantie, daß es gewollt ist aus den Tiefen des Lebens. Wir bürgen doch einander. Du, gut! Und wir graben einander den Lebensmut ab, wenn wir Behinderte meiden.

Die durchschnittlich Normalen in ihrer absurden Angst vor Leiden halten Distanz und machen den, der anders ist, einsam. Dabei hat er einen Riesenvorsprung an Lebenskompetenz. Er hat mit Mangel auskommen gelernt. Er hat sich Fertigkeiten erworben, deren andere unfähig sind, jedenfalls sie zu lernen nicht entschlossen genug sind. Was andere für selbstverständlich halten und darum Laufen, Sehen, glatte Haut ihnen nichts gibt, das ist ihm Wunder, Sehnsucht, Hoffnungsgut. Er bleibt ausgestreckt auf Hei-

lung, jedenfalls Linderung hin. Damit hat er eine Trieb-
kraft nach vorn, einen Elan auch für andere Felder. Er
weiß, daß nicht gut ist, was ist. Und darum bleibt auch
nichts so wie es ist. Das kann ihn zum Revolutionär machen, zum Erfinder, zum Verwandler auf vielen Gebieten.
Er nimmt nicht hin, was ist, wird bohren, grübeln, denken.
Er weiß mehr vom Ganzen, könnte es wissen.

Körperliches Komplettsein ist großes Glück. Doch die
durchschnittlich Intakten nehmen ihr Sosein als Besitz.
Manche meinen sogar, ihre Fitneß gäbe ihnen Vorrechte
gegen Behinderte. Dabei ist es doch umgekehrt. Weil mein
Quantum Gesundheit zur Aussteuer des Schicksals gehört, verpflichtet es mich gleichzeitig zur Fürsorge. Der
Behinderte hat Recht auf Rücksicht. Schlimmer als alle Ge-
brechen ist die Verwirrung im Kopf, Gesundheit sei ein
Vorrecht; geradezu gemeingefährlich ist der geistige De-
fekt jener Richter, die Schadensersatz angeblich Gesunden
zubilligten, die sich von Behinderten behindert fühlen.
Fast wäre man geneigt, diesen Unrechtssprechern einen
Schlaganfall zur Aufklärung an den Hals zu wünschen.

Skin – Kind Gottes!

Weißt du, was du mit deinem Haß bewirkst? Unsäglich zu und leer und schlecht fühlst du dich am Tag nach der Randale. Du hast dich an der Gewalt besoffen, mit der du und deine Kumpels Mist bauten. Aber jetzt, wo du allein bist, kotzt du dich an. Haß ist doch Müll im Kopf. Den wirst du nicht los, indem du Müll produzierst. Die Asche kaputter Gedanken wird man nicht los, indem man anderer Glück und Leben zu Asche macht. Jetzt sitzt du ganz allein irgendwo und hast Lust auf einen rettenden Gedanken. Nicht, wo du Geld herkriegst, um dich vollzudröhnen. Denk einen Tick weiter. Es könnte dir zum Rettungsring werden. Denk dies: Klaren Kopfes kannst du dich nicht aushalten, sprengtest dich am liebsten von dieser Welt. Ist das so? Ach Kerl, auch du kannst noch anders. Unter deinem Müll ist Sehnsucht, zu taugen. Unter deiner Asche ist noch ein Funke Hoffnung. Auch du hast eine Seele, die Gott gehört. Was macht, daß du dich nicht aushältst, das ist doch dein Wissen, wie du eigentlich gemeint bist. Du hast noch Ahnung von deinem guten Ich. Ja, vielleicht haben deine Eltern auf deiner Seele rumgetrampelt, zu Hause war's wohl chaotisch, und du mußtest fliehen; dir war egal, wohin. Und du warst ein Fremder, warst Opfer, verachtet, ausgenutzt. Aber trotz allem: geblieben ist dir Sehnsucht nach Liebe. Ja, spuck nicht drauf. Daß sich einer gerne um dich müht und du einen hast, um den du dich gerne mühst – das ist dein innerster Kern. Nur weil du dir keine Chance gibst, zu lieben und gemocht zu werden, säufs⁻, grölst, wütest du dir die Sehnsucht danach weg.

Stell dir das vor: Die Mutter einer in Solingen ermordeten Türkin sagte: »Laßt uns über den Tod meines Kindes zu Freunden werden.« Sagt es auch zu dir, traut dir Gutes zu, gibt dir mehr Chancen als du dir.

Du hast gerade eine wache Phase, weißt mit dir nichts anzufangen, aber hast noch einen Schimmer von deinem wahren Ich. Steh auf, geh auf die Straße, such Menschen, die von Herkunft Türken sein können. Sprich sie an: »Ich bin traurig über Solingen.« Mach das 10-, 20mal. Schau den Menschen dabei in die Augen, du wirst sehen, wie Abwehr sich in Staunen verwandelt und mancher dir die Hand reicht. Solltest du mal angespuckt werden, sag: »Ich kann's verstehen.« Wenn du auf Haß triffst, halt das aus, ohne zuzuschlagen. Du wirst erleben, daß du Haß ein Stück auflösen kannst, statt ihn zu vermehren. Wag diesen Versuch. Statt an der Kraft zu zerstören deine Stärke zu messen, faß Mut und erprob noch einmal deine guten Gefühle.

Wenn Kohl das gesagt haben sollte

»Trauertourismus kann ich nicht leiden« – sollten Sie das gesagt haben, geehrter Herr Bundeskanzler, dann ist das schlimm. Die Verknüpfung von »Trauer« mit »Tourismus«, also Reisen um des Spaßes willen, zur Erholung, aus Neugier – das richtet die Opfer von Solingen ein weiteres Mal hin.

Selbst wenn Sie als Privatmensch Beerdigungen möglichst meiden würden, hätten Sie als Kanzler unseres Landes hinfahren müssen. Ihre Teilnahme hätte zu erkennen gegeben, daß Sie tief verletzt sind von diesem Morden und Hassen. Sie hätten bitten können um Vergebung für unser aller Mitschuld, von der gerade der Kanzler sich nicht ausnehmen wird, ist er doch die prägendste Person deutscher Gegenwart – immerhin ist es seines Amtes, die Richtlinien der Politik zu bestimmen.

Trauer (laut Lexikon: Schmerz um etwas Verlorenes, tiefe Betrübnis) tragen Sie auch. Denn auch Sie sind ein Mensch guten Willens. Sie meinten sicher, auf andere Weise effizienter dem Fremdenhaß wehren zu können. Sie haben ja auch schon zu einer Fachleute-Tagung eingeladen. Aber nichts hilft mehr gegen Gewalt als Liebe. Wenn Sie für uns stellvertretend die Ermordeten mit zu Grabe getragen und im Trauerhaus eine Stunde die verzweifelte Stille geteilt hätten, wäre aus diesem Mitleiden mehr Geschwisterlichkeit und Hoffnung erwachsen als aus wochenlanger Expertensitzung. Sie aber haben ihren leitenden Angestellten für auswärtige Beziehungen geschickt. War das auch nur »Trauertourismus«?

Dieses Wort ist niederträchtig, eines der Unwörter des Jahres. Es klingt mir nach Exhibitionismus und Voyeurismus. Meinen Sie wirklich, nur nächste Angehörige dürften ihre Trauer zeigen? Einen Menschen mit begraben heißt, einen letzten Liebesdienst an ihm versehen. Wenn Sie das für uns mit hätten tun dürfen, wäre das eine Ehre für Sie und uns gewesen. Aber Sie haben es nicht über sich gebracht, statt dessen läppisch dahergeredet. Das ist kaum wiedergutzumachen. Die in Amigo- und Putzfrauenaffairen Verstrickten bereicherten sich, Sie aber trafen andere ins Herz.

Wenn Sie das Wort gesagt haben sollten, in Erschöpfung, bedrängt von vielen Überforderungen, bitten Sie um Entschuldigung. Ich würde Sie verstehen und bitten, weiterzuregieren.

Wo die Kirche brütet

130000 Menschen beraten und feiern vier Tage. Sie erleben und gestalten Kirche von der Basis her. 3000 Veranstaltungen bietet das Programm.

Am prunkvollen katholischen Feiertag Fronleichnam fädelten sich Tausende Protestanten in die Prozession ein. Die Priester in Rot und die Pastoren in Schwarz wurden mit roten und violetten Bändern zum Netz zusammengeknüpft – lustig dies Schauspiel der Verbandelung der Konfessionen.

Auf dem Messegelände sind 24 Hallen voller Diskussionen und Musik. Auf kargen Pappkartons harren die Christen der Erleuchtung. Manchmal lauscht die Menge, etwa, wenn zur Lage der Nation Wolfgang Thierse Ratlosigkeit eingesteht und uns Bürgern die Illusion nimmt, die Politiker würden schon alles im Griff haben. Doch die Zeiten der großen Meinungskämpfe sind vorbei. Auch die Christen haben keine schnellen Antworten mehr. Einst brachen aus der Mitte des Kirchenvolkes flammende Proteste – diesmal ist mehr nervöse Ruhe zu spüren. Die Probleme sind ins eigene Haus gerückt und fordern persönlichen Einsatz, auch Leidensbereitschaft. Der Nächste ist ganz nah gerückt.

Natürlich werden noch Schritte einer gerechteren Politik verhandelt – Hungernde an den Grenzen abzuweisen, das schreit nach vervielfachter Entwicklungshilfe. Diäten erhöhen und Sozialhilfe kürzen – das geht nicht. Aber die brenzlige Lage der Nation verlangt den persönlichen Einsatz, das merken die Christen hier klar. Und so rückt die Ortsgemeinde wieder in den Blick. Die Kirche vor Ort, oft schon totgesagt, ist wieder nach ihrer Gestaltungskraft gefragt. Ob ihre Gottesdienste, Gebete, ihre Diakonie und Seelsorge noch Gemeinschaft stiften können.

Schuften und feiern, einander annehmen in Gottvertrauen und Tatendrang – dieser Grundstoff von Gemeinschaft ist beim Kirchentag mit Händen zu greifen. Hoffentlich kommt was davon zu Hause an.

Ja, die Kirche brütet hier in München. Die Hitze lähmt. Einiges dumpfe Grübeln ist da kein Wunder. Aber hier wird auch Leben ausgebrütet, Ideen und Modelle für eine wache Kirche. 1995 übrigens ist der nächste Kirchentag in Hamburg los.

Vollstrecker vom Abendbrottisch

Wußten wir es nicht? Mußte das erst ein kluger Mensch aus
Sachsen sagen? Sie hatten Hunderte von fremdenfeind-
lichen Akteuren intensiv befragt. Und ermittelten, daß drei
Viertel der Haßtaten von Jugendlichen aus normalen Fa-
milien kommen. Meist samstagabends, nachdem man noch
das Abendbrot in Familie genossen hat. Dann bleiben die
Eltern vor dem Fernseher und die Jungen tun, was dann ins
Fernsehen kommt.

Mord beginnt im Kopf, kommt von da auf die Zunge,
fließt in die Ohren. Waffen und Munition wird beim
kleinen Geschwätz in Familien und Kumpelkreisen ge-
drechselt. Das Böse ist in unser aller Innerstem als eine
Säure, zum Glück meist eingekapselt von gutem Willen und
Erziehung. Doch Geschwätz macht unsern sowieso gefähr-
deten guten Willen porös. Wir können unser gutes Wissen
für dumm verkaufen, eine verächtliche Bemerkung lockt
die andere; Schwindelgefühl verwischt uns die Konturen,
weggeschwemmt wird unser Widerstand. Auf einmal schä-
men wir uns, einfältig zu erscheinen, bringen kein »Ja, aber«
mehr zustande. Gequassel über den doofen Lehrer, den
blöden Kollegen, die Türken, die Asylanten wächst sich
zu einem Strudel aus, der uns die Vernunft wegspült. Wir
genießen das gemütliche Einvernehmen, wollen nicht als
Besserwisser dastehen. Und wenn dann einer in die Tat
umsetzt, was gemeinsam ausgeheckt wurde, erklären die

andern, es sei so nie gemeint gewesen. Und doch stülpen die Täter nur nach außen, was von andern gedanklich durchgespielt wurde. In einem nimmt das Echo der Stimmen Gestalt an. Er vollstreckt unser Geschwätz. Gespräch kann das Gute bestärken oder zersetzen. Miteinander redend beeinflussen wir uns, Aufbauendes oder Ätzendes, strahlen wir aufeinander ab. Wir legen einander Fährten zum Segen oder zum Fluch. Ich will meine Zunge noch besser hüten und nicht um eines Gelächters willen andere dem Spott, der Verachtung aussetzen. Üb das mit: Bring Angst zur Vernunft, Haß entkräftet, klär auf, schüre Barmherzigkeit, den Großkotz fertige ab. Frag, bezweifle, sag deine gute Erfahrung mit dem, der gerade gehässig kaputtgeredet wird.

Noch hat der Abendbrottisch einende Kraft. Noch ist Austausch in der Familie. Die Jungen ziehen sich rein, was die Alten sagen. Wenn es kleinliches, seelenloses Geseire ist, sackt das als verheerende Todesspur in die Gewissen des Nachwuchses. Wie zu Hause über »die« Männer, »die« Frauen, »die« Ausländer, »die« Politiker geredet wird, das füllt die Köpfe und wächst in die Hände der nächsten Generation. Sie vollstrecken Unseres.

Mach Deins

Bist du einig mit dem, was du tust? Du hast ein Recht darauf, gern du zu sein. Wer, was hindert dich? Sofort denkst
du wohl an andere, die dich zwingen, dich nötigen, dir
Fremdes und dir Feindliches zu tun. Aber bedenk zuerst
deins. Dein Irrsinn, deine Hörigkeit, dein Zaudern, deine
Angst vor Neuem. Denk nicht, wie du andere ändern
kannst. Mach deins. Und wenn du dich verwandelst, dann
verwandelt sich die Welt.

Behaupte das Stück Macht über dein eigenes Leben.
Bleib nicht gelähmt von deinen eigenen inneren Wider-
sprüchen. Schaufel dir ein Stück Weg frei, ein Fenster ins
Weite, einen Raum, eine Zeit für dich. Hör auf dich, schau
dir zu. Wenn du ins Stottern kommst, willst du eigentlich
jetzt nicht reden. Also schweig und such dir Umstände, in
denen du mehr deiner Hände Arbeit sprechen läßt. Wirst
du krank unter deinen Überforderungen? Dann gesteh dir
deine Grenzen ein. Wir sind nur zuständig im Rahmen unserer Kräfte. und diese reichen für das Nötigste. Wir brauchen so vieles nicht, von dem wir uns einredeten, daß wir es
unbedingt haben müßten.

Brauchst du deinen schwierigen Gefährten? Solange er
dich braucht, ist das nicht deine Frage. Aber du darfst nicht
nur zusetzen. Du mußt dein Eigenes auch machen können,
deine Fortbildung, deine Freundschaft, deine Arbeit.
Sonst wächst in dir Haß und vergiftet euch beide. Gib nicht

136

nur nach, gib nicht auf. Geh keinem auf den Leim. Wenn er quengelt, mault oder muksch wird – lern dies auszuhalten. Mach deins und komm fröhlich wieder. Und wenn er noch grummelt, zeig dein freundliches Gesicht. Lerne verhandeln. Hammer oder Amboß, dieses Entweder / Oder ist doch lebensfeindlich. Mal Hammer, mal Amboß; mal einstecken, mal austeilen. Und möglichst mit einem Zuschuß an Geduld, wenn du kannst.

Manche macht das Wort »Selbstverwirklichung« madig. Aber es geht doch nicht anders, als daß wir uns – ich mich und du dich – wirklich echt und klar machen. Natürlich kann einer seine ganze Kraft in die Entwicklung seiner Kinder stecken oder in Freundschaft zu Asylsuchenden. Und doch darf kein anderer von dir Selbstaufgabe verlangen. Wenn du dein Glück machst, indem du anderen zum Glück verhilfst, bist du am intensivsten du selbst. Aber dieser Glaube darf nicht als Gesetz und Parole über dich gekippt werden, sonst ist dieses Lebensgeheimnis dir nur Pech und erstickende Last. Also glaub an dein Recht auf Glück. Und entrümpel deinen Kopf. Werde mündig. Such deinen Weg. Kläre dich, wage auch Streit. Stell die Verteilung der Lasten neu zur Diskussion.

Wenn dir Schule schwer wird

Mensch, Mädchen, Mensch, Kerl. Du hast keine Lust auf Schule, hast wieder Quittung gekriegt für schwache Leistungen? Was tun? Grübel, woran es liegt. Und berate mit Leuten deines Vertrauens. Beschäftigen dich zur Zeit andere Dinge stark? Dann sortier und laß nicht einfach mit dir machen.

Wenn es mit den Eltern schwierig ist, mußt du sehen, daß du bald selbständig wirst. Schule verhilft dir gerade zur Unabhängigkeit, bald. Also schwing dich auf und schufte zäh. Wenn du verliebt bist und dir viel Zeit dafür von der Schule abgeht, beschädigt das letztlich deine Liebe. Denn deine Begeisterung kommt davon, daß dich einer wunderbar findet. Aber du siehst nur ihn, und er sieht nur dich. Dies macht blind fürs Nötige. Die Folge ist, ihr braucht noch viel länger Zeit, um euch was Eigenes schaffen zu können. Versuch mit deinem Lieben fest, kurze, intersive Zeiten zu verabreden. Und klotzt beide ran, um bald auf eigene Füße zu kommen.

Wenn du im Stoff nicht mitkommst, kann ein Wiederholen der Klasse dich wieder nach vorn bringen. Schreib das Jahr als Auszeit ab – der Boris setzt ja manchmal auch eine Runde aus –, aber arbeite in den Ferien deine alten Lehrbücher durch, daß du gleich bei Schulbeginn dich gut plazierst. Es kann auch sein, daß du auf einer andern Schule neu starten solltest. Rede darüber mit deinem Lehrer.

Und wenn du einfach nur faul warst? Gesteh dir ein, was Sache ist. Du weißt es doch. Es ist ziemlich normal, daß wir es uns lieber leicht machen. Aber du siehst, daß alles seinen Preis hat. Du kannst nicht mit Charme über die Runden kommen, hier mal nett, da mal witzig, hier mal abschreiben, da mal dich krankstellen; das alles geht ausnahmsweise. Aber als Prinzip taugt's nicht. Wenn du das aus deiner Pleite gelernt hast, rede mit den Eltern oder dem guten Opa. Bitte, sie sollen dir ein Stück Nachhilfe gewähren. Oder mach mit einem Guten aus deiner Klasse ein Geschäft. Du hilfst ihm bei seinem Job, und er soll dich trainieren. Und noch eins: Versuch, deine Eltern zu verstehen. Sag ihnen, daß du es selbst blöd findest, wie es gelaufen ist. Wenn du bei ihnen cool ihr Sauersein einfach nur abtropfen läßt, provozierst du die, die du am meisten brauchst. Sie sind ja wirklich unglücklich, dich unglücklich zu sehen. Nur, sie können ihre Liebe zu dir im Augenblick nicht besser zeigen. Nimm's ihnen nicht übel. Hilf ihnen doch, freundschaftlicher zu dir zu sein, einfach, indem du ihnen sagst, was du selbst innen denkst. Auf ein neues, Mensch. Du bist gut. Mach's gut!

Anonyme Briefe sind Müll

Haben Sie auch schon mal einen anonymen Brief bekommen oder gar einen geschrieben?

Eine ungeheure Ohnmacht steckt in solchem Schrieb. Und der Täter gesteht dem Adressaten auch noch seine Feigheit ein. Er gibt es ja geradezu schriftlich: Ich bin Deiner Antwort nicht würdig. Mach Dir überhaupt keine Mühe, mich ernstzunehmen. Ich will ja gar nicht bei Dir als Gesprächspartner vorkommen. Ich verhindere ja sogar, daß Du mich erreichen kannst. Also bitte, nimm den Brief als nicht geschrieben! Weg damit in den Papierkorb, dahinter steht gar kein echter Mensch, kein Name, kein Wille, verstanden zu werden. Nur eine große Wut will rausgeschleudert sein oder ein großer Neid – aber leider durch das Nadelöhr dieses Geschreibsels, völlig ohne Hoffnung auf heilsame Veränderung.

Ich, der ich Dir anonym schreibe, fühle, ich müßte etwas für mich tun. Aber ich bin so verquer, daß ich nur etwas gegen Dich tun kann. Vielleicht lindert schon dies meine Schmerzen. Aber ich weiß, es ist nur Betäubung. Doch sie bewirkt, weiter für mich nichts Hilfreiches zu tun. Ich lähme mich weiter, ich hab ja geschrieben, auch wenn es für Null war. Ja, ich hab auch Angst, ein Versager zu sein. Und so ängstigen mich die, die ich für erfolgreich halte. Dich zu verletzen, das gibt mir schon Luft. In meinen Augen stehst Du jetzt da mit zitternden Händen, mein Brief ist doch echt ätzend, wie? Weißt Du, ich vergeß einfach, daß Du den Brief längst vergessen hast. Einfach dadurch, daß ich Dir schreibe, habe ich Macht über Dich: Ein Stück von mir in Deiner Hand, das ist doch stark. Ich denk mir das so aus, kannst Du gar nichts gegen machen. Aber unter uns gesagt: Ich weiß, es ist verrückt. Aber Du bist selber Schuld, wenn Du Dich so von mir anmachen läßt. Dann aber wärst Du selbst nicht ganz dicht. Das würd ich mir natürlich wünschen, damit wir was gemeinsam haben und ich nicht so alleine bin. Wenn ich es mir so überlege, würd ich ja doch gern mit Dir ins Gespräch kommen. Also müßte ich Dir meine Adresse sagen. Aber dann würde es ja ernst. Und das will ich ja auch wieder nicht. Denn eigentlich weiß ich, daß Du nicht Schuld bist an meiner Misere, brauchte Dir also gar nicht zu schreiben, sondern müßte endlich ernst machen mit mir. Und mein kleines Stück Leben ändern, soweit es in meiner Macht liegt. Vielleicht kriege ich ja doch noch die Kurve und trau mir was anderes zu als solche Briefe, die zum Kotzen sind. Ich weiß, sie sind für den Müll. Nimm sie als Hilfeschrei, den ich an mich richte.

Laß dich gut beraten

»Nimm nur Ratschläge von ganz weisen Menschen an – die geben nämlich keine.« Dieser Tip eines Kalenderblattes ist kein guter Rat. Daß man Rotweinflecke mit Salz beheben kann, den störrischen Reißverschluß mit Seife gängig machen, schwierige Wörter im Duden nachschlagen kann, dies Wissen verdanken wir doch alle irgendeinem Hinweis anderer. Auch fürs eigene Leben brauch ich Rat. Manchmal muß ich zum Arzt, manch einer muß zum Rechtsanwalt. Diese fachkundigen Menschen kennen einfach einen Ausschnitt des komplizierten Lebens besser als ich. Und manchmal brauch ich auch einen Seelsorger – einen Innenraumkenner. Der weiß von den Verwicklungen der Herzen. Der weiß, wie man den Rat des Jesus »Seid klug und ohne Falsch« ins Praktische übersetzt. Der kann mir auch helfen beim Sortieren meiner Gedanken, kann mir Wege zeigen, mit Schuld zurechtzukommen; kann mir auch Hebammendienste leisten, mir zu mir selbst zu helfen. Denn manchmal hab ich ein Brett vorm Kopf. Ein Zorn verstellt mir die Welt; eine Kränkung blendet meine Wahrnehmung derart, daß ich untaugliche Aktionen loslasse.

Wir brauchen doch alle Rat und Hilfe, brauchen Menschen, die sich ähnlicher Erfahrung besinnen und sagen, wie es ihnen damit ging. Wenn jeder von Grund auf alles selbst ausprobieren will, kommt er über die Steinzeit nie hinaus. All das Wissen, das in der Sprache, in Kunst, Religion und Wissenschaft gesammelt ist, ist doch Erfahrung. Andere haben sie mühseligst errungen. Wenn wir sie nicht nutzten, müßten wir alles von Null an selbst ergründen und kämen nie zum Eigenen.

»Ein verzagt und betrübt Gewissen aufrichten, ist mehr, als ein Königreich erobern«, sagte Luther. Das haben wir doch erlebt in Lebensschwierigkeiten, wenn da einer uns beistand, nicht uns mied, sondern uns bestärkte, daß wir was taugen. Robert Musil sagte es so: »Ich meine natürlich nicht, daß man sich einbilden dürfe, jemandem zeigen zu können, wie er es zu machen habe. Aber sehen Sie: Angst in einer Katastrophe steckt an, und Entronnensein steckt auch an! Ich meine, das bloße Entronnensein wie bei einem Brand. Alle sind kopflos geworden und rennen in die Flammen. Welch ungeheure Hilfe, wenn ein einziger draußen steht und winkt, nichts tut als winken und ihnen verständlich zuschreit, daß es einen Ausweg gibt.«

Befreiung müssen wir stets selbst erringen, aber nicht allein. Such Rat, Gespräch, weiten Horizont. Und wenn dich einer um Rat fragt, hör gut zu, denk mit ihm, eigentlich weiß er, was er braucht, hat aber davor Angst. Stärk ihn, verrat ihn nicht.

Katastrophensüchtig?

Siehst du dein Leben als eine Kette von Pleiten, Abstürzen, Chaos? Dann nimm dir doch mal Zeit, um dir zuzuschauen. Ja, du bist auch ein Opfer von Menschen und Umständen: Vielleicht sprang das Auto ausgerechnet am Morgen deiner aussichtsreichen Bewerbung nicht an; gerade deine Nase paßte dem Vermieter nicht. Aber noch viel häufiger bist du Täter deines Ungeschicks. Immer, jedenfalls oft, wenn die Situation zum Schlechteren umzukippen drohte, hast du aktiv mitgemischt. Sag mal, hast du Hunger auf Katastrophen? Verliebst du dich gern in unerreichbare Menschen? Fährst du riskant? Bezaubern dich Glücksspiele? Oder läßt du Streit eskalieren? Machst du Schulden? Willst du einer Verwicklung entkommen, indem du die neue Verwicklung geradezu suchst? Versprichst du mehr als du halten kannst, immer wieder? Willst deine Grenzen nicht anerkennen, willst einfach ein anderer sein? Aber weil du es doch nicht sein kannst – du hast ja keinen anderen als dich selbst – mußt du dich immer wieder bestrafen, mußt büßen, mußt dir wehtun, dir wehtun lassen?

Ich sage dir, du bist nicht schlecht. Andere haben an dir rumerzogen und dich umbiegen wollen nach ihrem Bild. Das hat aber in dir nicht ausradiert dein besseres Wissen. Du hast in dir ein Selbstbild, an das du anknüpfen kannst: Du bist okay, kraftvoll, fähig. Und du bist in einem benutzerfreundlichen Leben. Es kommt dem entgegen, der seine

Regeln achtet, zum Beispiel: Forcier den Gang der Dinge nicht, zwing nicht die Wirklichkeit in die Tube deiner Vorstellung. Sieh, was ist; biete deine Begabung an; zeig, was du kannst. Sag dein Ja, dein Nein; nimm anderer Ja und Nein an ohne Beleidigtsein. Laß den Fluß der Dinge geschehen. Aber aufmerksam sieh dich als Teil dieses Flusses. Deine Kräfte gehören dazu. Du bist Bestandteil der Situation. Wird z. B. neben dir einer zu Boden geschlagen, bist du zum Helfer bestimmt. Blitzartig mußt du entscheiden, wie du hilfst: Ob du dich unter Schreien an den Täter klammerst oder heimlich ihm folgst und dann die Polizei verständigst, wo sie den Kerl abholen kann – sieh zu. Du mußt es nicht mit jedem aufnehmen. Aber dich unsichtbar machen, wenn das Leben dich zum Helfer bestellt, ist nur Verrat. Und: Laß vorübergehen, was seine Zeit hatte. Laß enden, was erschöpft ist. Beginn ein Neues, aber hinterlaß deinen Arbeitsplatz sauber. Wenn du meinst, gehen zu müssen, trenn dich einvernehmlich, und bezahl vorher deine Schulden. Sonst schaukelst du nur in die nächste Katastrophe.

Dein hellhöriges Gewissen

»Sein Gewissen war rein; er benutzte es nie.« Dieses Wort von S. Jlec beschreibt ja einen monströsen Menschen. Der ist wie ein Automat, funktioniert einfach nur. Ihm fehlt genau das, was uns wirklich menschlich macht: Wir müssen wissen, was wir tun. Ein inneres Radar für Gut und Böse geht mit uns. Diesen Doppelgänger von uns selbst können wir nur durch Suff oder eine andere Besessenheit lahmlegen. Dann sind wir ganz nur Nase in Richtung Stoff. Ob Sex oder Ehre oder Geld oder Macht – wenn irgend etwas uns alles ist, ist ohne dies uns alles nichts. Und wir müssen wie die Hunde die *eine* Spur verfolgen – sind Gejagte unserer Gier. Dieses miese Leben hat niemand verdient. Wie aber rauskommen aus diesem Sumpf?

Auch im zerdrückten Leben ist noch Hoffnung – eben das nur lahmgelegte, aber nicht ausgerottete Gewissen. In klaren Augenblicken erschrecken wir vor uns selbst. Und dann hat uns Gott am Kanthaken, will uns in neue Zukunft wuchten. Irgendwer ruft dich zu Hilfe, gerade dich, der du dich so lahm fühlst. Gerade als du dich wieder vergessen wolltest, lief dir eine Katze zu. Ihr flehendes Miauen verpflichtete dich, Milch zu holen. Gerade vor dir brach ein Mensch zusammen, und du sprangst zu und führtest ihn nach Hause. Gerade dir schüttete einer sein Herz aus, und du wurdest zuständig. Im Krankenhaus wirst du Zeuge, wie Menschen zäh um ein Stück Weiterleben kämpfen, was dir so egal schien. Und von Stund an nimmst auch du dein Leben in Schutz.

Es kann ein Sonnenaufgang sein, ein Kinderlachen, ein liebender Blick, der dich streift – auf einmal geht dir deine Fähigkeit zur Freude wieder auf. Du könntest dich losgekettet sehen von deiner Existenz im Tunnel, nur immer das Eine zu müssen. Du kannst wieder wollen, wählen, entscheiden. Du wirst sicher hellhörig für Gut und Böse. Du traust dich wieder, du zu sein, dir ins Gesicht zu schauen und anderen auch.

Bei deiner alten Tour warst du voll schlechten Gewissens. Alpträume schüttelten dich. Du sahst dich oft genug in der Hölle, bestraftest dich selbst. Aber jetzt, wo du dein hellhöriges Gewissen wiederentdeckt hast, siehst du Land. Wo du deinem Gewissen Raum läßt, gelingt dir Schritt für Schritt Gutes. Die Farben der Liebe gehen dir auf, die Gier verblaßt. Vertrauen wächst, Freundschaft bahnt sich an. Du wirst wieder kompetent. Und du stiftest Freunde an. Was willst du mehr? Natürlich hast du noch viel Mühe mit vielem. Aber der Verstrickung mit der Leere bist du entronnen, du wieder leuchtender Mensch.

Beten ist menschlich

Wir müssen mit mehr als unseresgleichen sprechen. In Wut oder Glück, Freude und Leiden reden wir durch den Nächsten hindurch ein ewiges Gegenüber an. Darum verstehen wir uns auch nur in Maßen, fühlen uns oft überhaupt nicht verstanden; meinen, gegen die Wand zu sprechen. Herzens- und Glaubenssachen zielen tatsächlich weit über den gerade vorhandenen Menschen hinaus. Der ist uns Hörhilfe, Zwischenstation. Aber alles wesentliche Reden will hinreichen an das Ohr der Welt, will gehört sein vom Grund der Dinge. Und will von ihm gemeint sein. Wir haben ein Wahrnehmen für den Ganzen, Gott genannt. Wir sind letztlich gestimmt auf Signale des Unergründlichen. Der uns die Ewigkeit ins Herz gelegt hat (Prediger Salomo 3,11), macht, daß wir beten.

Zwischen den Zeilen des Normalen, in den Untiefen der Konflikte, im Klingen heller Freude betet es in uns, dankt für Gelungenes, bittet um Vergebung, hofft auf Kraft, den Tag zu bestehen. Und wenn wir werben darum, daß der andere uns mag, dann soll er uns eigentlich unser Wertsein vor dem Ganzen garantieren. Darum überfordern wir in Liebessachen einander so oft. Wenn wir wüßten, daß unsere wahre Sehnsucht hier nicht zu stillen ist, wären wir mit den Bausteinen der Liebe, die wir uns reichen können, eher zufrieden. Wir könnten jede Umarmung, jeden Trost als das Morgenrot der großen Liebe Gottes nehmen, herzlich dafür danken, könnten Kuß und Güte Gebet sein lassen. Der direkte Anruf Gottes und exakt formulierte Gebete sind Ausnahme. Was unbewußt in Stöhnen und Lachen sich zu Gott erhebt, versteht er auch so. Aber wir brauchen von Zeit zu Zeit die Hochsprache des Gebetes, wie eine Ehe das ausgesprochene »Ich liebe dich«. Damit unser Gefühlsbeten zielbewußt bleibt, ist es gut, Gott beim Namen zu nennen und Dank und Klage an die richtige Adresse zu bringen.

Darum sind wohl die Gebete das Wichtigste, was Kirche überhaupt zu bieten hat. Daß in deiner Nähe die Zwiesprache mit Gott, dem Gewissen der Welt, aufrecht erhalten wird auch stellvertretend für dich, ist ein Rückhalt. Zwar kann keiner des anderen Gebet sagen. Und doch kann einer Beten wieder neu lernen am Geländer von Gebeten anderer. Geh mal wieder zum Gottesdienst. Sag tastend das Deine hinzu, nimm dich vor Gott ins Gebet, laß dich wieder einfädeln ins Vertrauen. Und Licht wirst du aufgehen sehen nach und nach über dem Ganzen.

Wenn ein Kind verlorengeht

Ein Leben, ein Glutkern an Energie und Zärtlichem, Wildem und Hoffnungsvollem ist plötzlich weg. Die fürchterlichsten Gewalttaten laufen vor unseren Augen ab, verfolgen uns bis in den Schlaf, machen jedes Wachwerden an einem neuen Tag zur Folter. Wo ist Seike, wo sind Jan und Elke, die seit Tagen fehlen? Und jeden Tag werden in unserem Land zwei andere Kinder verschleppt, bis man ihre kleinen Körper findet, entseelt.

Die Eltern und die Nächsten tragen ein Gewicht, das über alle Kräfte geht. Das Schreckliche, Entstellte haben wir tausendmal miterleidend vorweggenommen; tausend Tode sind die Eltern mitgestorben, bis das Furchtbare Gewißheit wird.

Warum müssen Menschen morden? Ja, sie müssen morden. Das ist das Furchtbarste an all dem Furchtbaren. Die Mörder sind selbst vielfach vorher drangsaliert worden, mißbraucht, zerschunden, hingerichtet. Ihnen ist ihre Seele, die ja auch auf Freude, Liebe, Dankbarkeit geeicht war, förmlich ausgetrieben worden. Und in ihnen blieb nur die schiere Gier, der dunkle Trieb, sich an dieser Welt zu rächen durch Zerstören. Und sie greifen einen Menschen, der Freude ausstrahlt, also Freude erfahren hat, also auch Freude machen kann. Und an dieser Vernichtung von Freude haben sie ihre trostlose, jammervolle, peinigende Unfreude. Und sie werden einverstanden sein, entdeckt zu werden. Sie wissen selbst, daß ihr Lebensmuster Wahnsinn ist, aber sie haben kein anderes. Sie sind die ärmsten Menschen überhaupt. Sie halten sich nicht für wert, zu leben. Beinahe hätten sie sich umgebracht, statt umzubringen. Viele Morde bleiben ungeschehen, weil die Gedankentäter ihrer Untat zuvorkommen und sich selbst richten.

Unser ganzes Mitgefühl steht Seikes Eltern zu. Es hätte unser Kind sein können, das es traf. Und darum ist Seike unser Kind, um das wir bitterlich weinen und noch immer hoffen. Jedenfalls rückt uns das Verlorengehen eines Kindes eng zusammen. Denn es traf sie stellvertretend eine Katastrophe, wie es den Täter stellvertretend traf, das Unrecht, das Böse in der Welt zu erleiden und zu vollziehen.

Das Leben bietet nicht Gerechtigkeit, auch nicht Wahrheit. Es bietet Liebesmöglichkeiten. In keinem anderen Wesen ist so viel Liebesmöglichkeit angelegt wie in einem Kind. Einem Kind das Leben wegnehmen ist so abgrundtief böse, daß dem, der es tut, selbst abgrundtief Böses angetan sein muß. Das erklärt nichts. Es ist zum Weinen und Schreien nach Gott und zur Mühe um den Nächsten. Denn was einer tut, hat ihm vorher ein anderer getan. Wir sind verkettet. Wir sind einander des Glückes und Unglückes Schmied.

Vom Bleiben und Scheiden

»Wen man liebt, will man schonen vor sich« – dieser Gedanke von Martin Walser verbietet eigentlich die Ehe aus Liebesgründen, macht jedenfalls Scheidungen denkbar aus Rücksicht. Zwei haben einander zu sehr verletzt. Was ein Lebenstanz sein sollte, war Totentanz. Und bevor sie vollends ausgehöhlt sind voneinander, geben sie sich frei. Scheidung zum Überleben – sie hat ihre Würde, sie kann mehr in der Liebe sein als ein Bleiben um jeden Preis.

Doch bleibt die Ehe der in uns gepflanzte Traum, bleibt die Traumform für das Menschenpaar, das »einander annimmt aus Gottes Hand als Gabe und Aufgabe, um sich zu lieben und zu ehren, in Freude und Leid nicht zu verlassen, bis daß der Tod sie scheidet«. Und alle Freundschaften, alle tiefen Bündnisse beleihen diesen Traum vom Paar. Pure Illusion sind alle eheähnlichen Verhältnisse, die meinen, durch Verzicht auf Standesamt und Altar Ehe zu vermeiden. »Wir bleiben zusammen, solange es gut geht« unterschlägt unseren Wunsch nach Treue und Verläßlichkeit. Und bügelt über unser tiefstes Bedürfnis hinweg, mit einem Partner gemeinsam alt zu werden.

Einen Menschen, den Menschen finden, der mit mir und ich mit ihm Freude und Last teilt, der meine Einmischung erbittet, mein Fühlen lernen will und mir Einblick in Seins gibt; der mich besser versteht oft, als ich mich selbst, der mich erträgt und zuläßt, daß ich gerne mich um ihn mühe.

Der Eine, der mir meine wichtigste Definition (außer Kind Gottes) gibt: Ich, Mann dieser Frau, Frau dieses Mannes, dieser eine Mensch, mit dem ich immer wieder einig werden will, bleibt ersehnt, bis er da ist. Aber er / sie kann nur kommen und dann auch bleiben, wenn wir klug um unser begrenztes Lieben wissen. Ja, und auch lernen, den anderen zu schützen vor unserem manchmaligen Irrsinn. Und: Ehen gehen nicht aus Mangel an Liebe, sondern aus Mangel an Freundschaft zugrunde (Ernst Bloch).

Gott sei wirklich Dank für viele Formen der Freundschaft, für Zartsein und Austausch, gemeinsame Freude und Projekte. Nur Dank und Staunen ist die angemessene Haltung für gelingende Ehen und alle Zuneigung aus freien Stücken. Ein Unveräußerliches aber hat Ehe bei sich: Das Paar muß glauben, daß sie von Gott, dem Schicksal, einander anvertraut sind für ständig. Aus diesem Glauben strömt Energie, sich immer wieder auf neuem Niveau zu einigen, noch wieder Nähe und Distanz, Freiheit und Bindung neu auszuhandeln. Fallen sie aus dem Glauben, wird alles nur noch schwer. Die sich zu Gehilfen der Freude gegeben waren, werden einander zur Last. Um der Kinder willen kann Bleiben geboten sein, trotz allem. Und der Glaube, zusammenzugehören auf irdische und unvollkommene Weise, kann noch wieder ausschlagen wie aus alter Wurzel ein neuer Zweig.

An prügelnde Eltern

Ich weiß, ihr haßt euch für euer Tun. Also braucht euch keiner zu belehren. Ihr haltet selbst euer Prügeln für abartig. Wenn ihr selbst früher bis an die Schmerzgrenze und viele Male darüber hinaus verprügelt worden seid, habt ihr eure eigene gellende Kinderangst noch bei euch. Und erleidet euren irren Wiederholungszwang. Auch erleidet ihr vielfache Ohnmacht, ob es um Geld geht oder Alkohol oder Ehekrach oder Wohnung. Ihr gebt sie an noch Ohnmächtigere weiter. Dabei liebt ihr auf eure Weise eure Kinder auch. Aber ihr zerstört, was ihr liebt. Und wißt es. Und müßt euch darüber verachten in Grund und Boden, schüttet euch mit Stoff zu, spätestens danach. Flehentlich wollt ihr wieder gutmachen. Doch das Wechselbad aus Haß und Anhänglichkeit zerrüttet eure Kinder, vernichtet ihr Lebensvertrauen. Ihr wißt das alles. Was könntet ihr tun?

Erstens: Nüchtern miteinander reden. Einander von der eigenen Kindheit erzählen; und wie ihr zur Gewalt greift, weil euch die Worte fehlen. Mit den Kindern Alarmsignale ausmachen, ihnen sagen, wo man rotsieht. Gelbe Ampeln verabreden. Fluchtwege ausmachen.

Zweitens: Nachbarn informieren, daß man mit dem eigenen Jähzorn künftig besser umgehen lernen will. Und wenn sie Kinder schreien hören, sollen sie zu Hilfe kommen oder sogar die Polizei rufen. Doch! Macht das! Ihr wißt nur eins: Ihr wollt nicht mehr prügeln. Darum nehmt euch selbst beim Wort. Verbaut euch die Versuchung, indem ihr gegen euch selbst Gewalt mobilisiert, die euch am Schlimmsten hindern soll.

Drittens: Tut vor allem etwas gegen eure Ohnmacht. Beratet euch mit Fachleuten, geht zum Jugendamt, ruft die Telefonseelsorge an – ihr müßt fähige Leute für euch interessieren. Wenn der Fernseher kaputt ist, holt man den Fachmann. Wenn die Seele in Gefahr ist, die Familie, muß man erst recht Kundige an sich ranlassen. Sie kosten nichts. Sie sind zum Schweigen verpflichtet. Auch der Pastor, die Pastorin in der Nähe sind eine gute Adresse. Ihr seid überfordert, also ruft ihr um Hilfe.

Viertens: Vielleicht braucht ihr Arbeit oder eine größere Wohnung, vielleicht Schuldenberatung. Vielleicht müßt ihr Eltern euch trennen für eine Zeit oder endlich eine Nebenbindung, die so viel Unruhe reinbringt, fahren lassen. Vielleicht braucht ihr Pflegeeltern für die Jüngsten – all das kann eure Lage bessern, euch wieder zu besseren Menschen machen, euch aus eurer Ohnmacht heraushelfen.

Ihr wißt nur eins: Ihr wollt nie mehr gewalttätig sein zu Schwachen. Ihr wollt stark werden in Vernunft und Liebe. Also packt es an: Heute holt euch Hilfe für euch, gegen euch!

Wir freu'n uns, daß du geboren bist

Ein schöner Brauch ist das, einem zum Geburtstag zu gratulieren. Denn erstaunlich ist's, daß dieser, genau dieser Mensch da ist, erstaunlich und wunderbar, ja sensationell. Die ganz nah zu ihm gehören, können gar nicht denken, daß er nicht sei. So sehr ist er Bestandteil ihres Lebensraumes, ein garstiges Loch klaffte ohne ihn. In der Zirkuskuppel Leben, am Trapez der Pflichten und Freuden, hält einer den andern. So wichtig ist genau dieser Mensch. Doch wie selten sagen wir's einander.

Ein Geburtstag ist endlich Gelegenheit, zu sagen: Gut, daß du da bist. Mit dir bin ich lieber ich. Und das kann man dann ausschmücken, kann zwei, drei Situationen erinnern, die mittels seiner Art zum Guten sich fügten. Kann mal danken für seine Sicht der Dinge, die einem auch zu Durchblick verhalf. Und seid nicht zu bescheiden mit Lob. Denn letzlich danken wir nicht ihm, sondern höheren Ortes für ihn; warum auch ein »Lobe den Herrn« das angemessenste Geburtstagslied wäre, wenn wir uns nur trauten. »Viel Glück und viel Segen auf all deinen Wegen« tut's auch. Selbst das schlichte »Happy Birthday« ist besser als gar nichts. Allein schon, daß wir Freude zum Klingen bringen, gibt dem Geburtstagskind Glanz. Wir gratulieren ihm zu sich und uns zu ihm. Weil es genug Gründe gibt, mit sich selbst unzufrieden zu sein, ist der Beistand anderer so wichtig. Alle Liebe ist ja heilsamer Stoff gegen den Argwohn an sich selber. Die Gratulation der anderen vergewissert mich, daß sie mich als ein gutes Lebensmittel empfinden; das wiederum stärkt, mit mir selber gern auszukommen. Wer also zu seinem Geburtstag sich nicht versteckt, sondern feiert und einlädt, der webt den Zusammenhalt und gibt auch dem Veranstalter des Lebens ein Dankfest für so viel Bewahrung und glückende Umstände und die furchtbringenden Begabungen. Natürlich, je älter um so triumphaler ist die Freude, noch hier zu sein und mit lieben Menschen fröhlich sein zu können. Und man nehme die Mitfeiernden als Stellvertreter auch für die, die aus der Ferne winken.

Zum Fest gehören Blumen, leckeres Essen, würzige Getränke, festliche Kleider, Musik, beschwingte Reden, wenn's sich trifft – und Geschenke, die Ideen schenken. Das beste am Fest aber ist die Zuneigung, die man sich bekennt, die für viele Alltage wieder vorhält, an denen jeder Seins macht, geborgen in einem Netz aus Freundschaft und Trost.

Feuert sie an, alt zu werden

Mitleidig sieht sich die auch schon nicht mehr junge Tochter angeschaut, wenn sie, die hochbetagte Mutter am Arm,
den kurzen, langsamen Spaziergang macht. Wieder zu
Hause, bedankt sich die Greisin viele Male für den Ausflug
und sagt noch: »Du hättest doch Besseres zu tun, als mit
mir auszugehen; warum werd ich überhaupt so alt? Ich
hab ein richtig schlechtes Gewissen, dir so zur Last zu fallen. Ich wär viel lieber tot.« Und die Tochter nimmt Mut-
ters Gesicht in beide Hände und sagt ihr: »Gut, daß du da
bist. Bleib noch lange auf der Erde« – sagt es hoffentlich.

Denn es ist doch nur pervers, die Alten von hier wegzu-
wünschen. Wer wäre überhaupt noch zu Recht auf dieser
Erde, wenn Jugendlichkeit das Kriterium wäre? Jeder hat
noch Jüngere neben sich, nicht nur die über 60 oder 80.
Schon ab 45 zählt man in der Statistik als »Jungsenior«.
Bestimmte Fernsehsender richten Programm und Werbung gezielt nur auf die Konsumenten unter 30.

Und wer hat mehr das Leben sich verdient als die, die so
viel Mühe und Arbeit hinter sich gebracht haben. Die Jungen würden ja ihre Wurzeln abhacken, wenn sie die Alten
nicht ehrten.

Nun ist ja Dank nicht zu erzwingen, und wer Fürsorge
braucht, ob jung oder alt, wird hoffentlich der Zeiten ge-
denken, da er unbeschwert und wenig rücksichtsvoll sich
durchsetzte. Wie beschwerlich der Weg sein kann, weiß

man erst, wenn einem selbst die Luft knapp wird. Wie mühsam ein Rollstuhl zu bugsieren ist, weiß doch erst, wer die Mühe auf sich nahm. Daß Altwerden eine große Leistung ist, auch das weiß man selbst erst, wenn man zitternd den Löffel zum Mund führt und dort heil ankommt. Darum, ihr Altgewordenen, habt Erbarmen mit der Jugend, die doch Rücksicht erst lernen muß. Aber laßt euch nicht abhandeln den Stolz auf so viel Bestandenes. Ihr habt so viel Vorsprung an Erfahrung, an Bewahrung, erfüllten Wünschen, Verzichten, habt hoffentlich einige Früchte gelungener Arbeit, auch um Freundlichkeit zu honorieren, gerade wenn sie »einfach so« euch getan wird. Ängstigt euch nicht, euch pflegen zu lassen. Meidet nicht Gleichaltrige, Alte sind unter Alten weniger alt.

Wenn es überhaupt Sieger des Lebens gibt, dann sind es die, die viele Prüfungen bestanden, viel Gutes getan, aus Fehlern gelernt haben. Und die dankbar und neugierig dem Leben noch immer Gutes abgewinnen können. Und schließlich führen die Altersstufen von unten nach oben. Der Tod will verdient sein.

Zwölf Millionen leben allein

Hinter dieser nüchternen Statistik-Zahl stehen zwölf Millionen Menschen mit eigenem Gesicht, eigenem Schicksal. Doch bei allem Individuellem gibt es auch Gemeinsames: Die einen sind alt geworden und brauchen ein behütetes Haus. Andere sind Hinterbliebene eines Paares. Andere Einzelgänger, seit ihre Ursprungsfamilie sich auflöste. Wieder andere studieren fröhlich, oder die Begeisterung für ihren Beruf duldet keine Lebensgemeinschaft, oder die Liebe fand nicht Dauer. Welche suchen noch ihre bessere Hälfte, andere ließen sich scheiden und sind erstmal schmerzlich verwarnt. Welche leben aus Überzeugung allein, andere aus Not, wieder andere aus Gewohnheit. Allein leben kann Glück sein oder Unglück – wie Zusammenleben.

Es ist gut, daß wir nicht mehr automatisch mit Familie leben müssen. In früheren Zeiten war die Alleinstehende verloren. Ohne Schutz der Großfamilie war man vogelfrei. Unsägliche Abhängigkeit war mit diesem Familiendach verbunden. Die Alten, die Patriarchen oder Herrinnen hatten das Sagen. – Durch Staat und Rente, Menschenrechte und Wohlstand lockerten sich die Zwänge, bedingungslos sich dem Überkommenen zu fügen. Inzwischen ist Alleinleben makellos.

Die Herkunftsfamilie wird immer schwächer, auch weil Geschwister, Onkel, Tanten weniger werden, Großeltern ihr eigenes Ding machen, Ehen geschieden werden und durch neue Verbindungen den Kindern eine Vielfalt, meist unverbindlicher Verwandten zufällt. Heute ist der einzelne auf sich gestellt, in einem kargen, aber doch festen sozialen Netz gehalten, mit vielen Möglichkeiten zu Aufstieg und Fall. Ob man selbst mal eine Familie gründet, ist oft lange die Frage. Heute muß man sich in der Regel für Kinder entscheiden, früher kamen sie über einen.

Heute erlangen wir nicht mehr durch Blutsverwandschaft oder Ehe oder Knechtschaft unser Wesen. Heute sind wir freigesprochen jeder zu seinem Weg, seiner Begabung, seinen Fähigkeiten, seinen Wünschen, zu seiner Wahl. Damit ist ein ungeahntes Feld der Beziehungen eröffnet – der Bekanntschaften, Freundschaften, der Wahlverwandtschaft eröffnet. Allein leben hieß früher einsam leben. Heute leben viele in eigenem Haushalt für sich, um mit vielen kommunizieren und sich doch zurückziehen zu können ins Eigene.

Alleinstehende wären oft gern zu zweit. Paare wären oft auch gern mal allein. Wichtig bleibt, daß wir liebende Menschen werden. Ob als Single oder mit großem Haushalt ist zweitrangig.

Lieben und Lassen

Sag ihm nicht, er sein dein Ein und Alles. Du machst sonst den Rest der Welt zu Müll. Sag ihr nicht, ohne sie könntest du nicht leben. Du machst dich zum Ertrinkenden, der seinen Retter mit in den Abgrund zieht. Sag dem Kind nicht, es sei deine ganze Freude. Sonst erklärst du dich zu seinem Lebenssinn.

Lieben heißt, den andern gerne glücklich wissen, ihn fördern, gern mit ihm Zeit, Gedanken, Arbeit, Freude, Zartsein teilen, sich gerne um ihn mühen, gern Gutes von ihm annehmen – aber nicht, ihn haben wollen. Sich aneinander erfreuen, ohne in Besitz zu nehmen – das wär's.

»Wo ist zu meiner Treue der Herr?« – diese Frage von Botho Strauß bohrt in uns. Wir wollen zugehören, sorgeberechtigt sein, wollen einen, der für uns zuständig ist und uns gleichzeitig frei sein läßt. Der sich für uns interessiert und uns doch nicht dazwischenfunkt. Der uns irren läßt, ohne sich von uns abzuwenden. Bei dem wir schwach sein dürfen, ohne unbedingt Stärke zu provozieren (Theodor W. Adorno).

Lieben, ohne Rechte am anderen zu haben – wenn das gelänge, kämen wir weiter. Aber Recht bewahrt vor Willkür. Die Ehe zum Beispiel ist ein Rechts-Mantel, den einer dem anderen gewährt, auch für den Fall, daß die Liebe verlorengeht. Liebe will dem anderen gerecht werden. Aber was ist der Maßstab? Man kann durch Fürsorge entmündi-

162

gen, durch Unselbständigsein herrschen, durch Augenverschließen verwahrlosen lassen. Ja, Liebende sorgen sich umeinander, haben sogar Angst, ein Regentropfen könne den andern erschlagen (Bertolt Brecht). Und doch aus dem Sorgen keine Kette schmieden, kein Recht auf Bescheidwissen über jeden Winkel, kein Alleinanspruch auf den geliebten Menschen. Auch den Gedanken zulassen, er könnte glücklicher werden ohne mich. Noch ihn instandsetzen, seinen Weg zu gehen, wenn er muß.

Einander lebenstauglicher machen, ist Auftrag der Liebenden. Daß man sich auch auf die Nerven geht, immer wieder mal, ist dabei. Gut, wenn man die Signale der Gereiztheit früh bemerkt und dann Abstand hält, Auswege freiläßt, nicht zusätzliche Stacheln ausfährt. Es ist aber so, daß Menschen, die sich leiden können, eben darum auch aneinander leiden und oft gar nicht klug sind. Aus Angst, schuld zu sein, treiben wir den anderen in die Enge, schießen Rechthabe-Sätze los. Besser ist es, Raum und Zeit zu lassen, das brenzlige Spiel abzupfeifen, sich zu vertagen. Überhaupt muß Liebe sich mit der Zeit, mit Gott, im Bund wissen: Was heute nicht gelingt, gelingt morgen oder wenn es an der Zeit ist.

Gott schützt die Liebenden.

Eine Welt oder keine – zum Erntedankfest

Die Synode, das Kirchenparlament Nordelbiens, beriet drei Tage über Gerechtigkeit und Weltwirtschaft. Sonderbar – zum ersten Mal nimmt Kirche selbst weniger ein, und der Kampf ist los, ob an Pastoren oder Kindergärten oder Kirchenmusik eingespart wird, da wächst der Kirche ein Ohr für den schreienden Mangel, den Milliarden Menschen leiden. Wo wir alle in Angst geraten, unser bißchen Wohlstand ginge den Bach runter, wagt Kirche den Blick in den Abgrund von Unrecht, der mit dem Welthandel einhergeht. 60 Milliarden Mark zahlten die armen Länder an die reichen Länder 1990 als Schuldentilgung für Leistungen unsererseits, die damals schon mehr uns als ihnen Nutzen brachten. Die nur Agrarprodukte und Bodenschätze anbieten können, müssen heute für unsere Maschinen dreimal mehr zahlen als noch vor zehn Jahren, weil wir verhindern konnten, daß sie ihre Produktion drosseln. Erdöl ist so billig, daß unsere Regierung ein Vielfaches an Steuern aufschlagen kann. Der Kaffee bringt den Pflückern kaum mehr einen Hungerlohn. Und sie können uns nicht zwingen. Das Recht des Finanzstärkeren gilt in der Weltwirtschaft gnadenlos. Und wir alle hier profitieren von dieser Ungerechtigkeit.

Was tun? Die Synode hörte zunächst einmal zu, ließ den Anklagenden aus Afrika und Indien Raum. Und gestand unsere Mitschuld ein. Allein daß diese Christen mal stillhielten und einen Hauch von Erschrecken zuließen, Erschrecken über das eigene Verwickeltsein in ein mörderisches Ausbeuten, ist bemerkenswert.

Landauf, landab versichern die Macher: Sorgt euch nicht, für uns reicht's noch lange. Aber von diesen falschen Propheten will man sich nicht mehr einlullen lassen, wenn man die Mitschuld am Verelenden der Vielen erkannt hat. Und wenn dann noch Dank in mir wach wird, Dank dafür, daß ich genug habe, um auch abgeben zu können, dann kann ich – und wenn du willst, auch du – ein Bächlein von Gerechtigkeit zum Fließen bringen gegen den Strom. Ich kann einer Familie in Tansania Material zum Hausbau oder Schulgeld besorgen oder die Suppenküche in Moskau beliefern. Jedes Pfarramt weiß Adressen. Viele Gemeinden betreuen seit langem Projekte. Und »Brot für die Welt« hilft Menschen, daß sie in ihrer Heimat bleiben können und nicht zu uns vor dem Verhungern fliehen müssen. Doch ja, einige Prozent Geld verschenken, aus eigenem Antrieb, aus Freude, beglücken zu können, aus Dank, noch mehr als genug zu haben – das stärkt die eigene Lust, zu leben. Ich bau ja die eine Welt mit, Gottes Geliebte, die nicht zum Teufel geht...

Ein Recht auf Kirche

Die meisten Getauften bestreiken den Gottesdienst, und jetzt wollen die Pastoren auch nicht mehr – jedenfalls die der Pauluskirche in Altona. Erst mal Dank an den Kirchenvorstand, der diese Möglichkeit zu bedenken gibt. Die Brüder dort wollen ja nicht blau machen. Sie wollen mehr benötigt sein. Sie wünschen sich einen Sturm der Entrüstung. Und ein Erschrecken, das die Christen auf die Beine bringt.

Theoretisch hebt Verknappung den Wert. Aber wenn man nur jeden vierten Sonntag Gottesdienst anbietet, ist noch lange nicht gesagt, daß dann viermal so viele kommen. Im Gegenteil: Die monatliche Rechnung hat so gut wie keine Bindekraft mehr. Mehr Menschen gehen noch (fast) jeden Sonntag, wenige einmal im Monat. Aber diese Rechnerei streitet um ein Prozent. Wo aber sind die neunundneunzig?

Sie sagen »Sonntags nie«. Kirchgang ist ihnen so unwahrscheinlich wie ein Ballettbesuch. Und doch ist es gut, daß am Sonntagvormittag Gottesdienst geschieht. Das Tagtägliche wird unterbrochen. Menschen sprechen das Geheimnis der Welt an, sprechen sich vor Gott aus. Uralte Texte voll Hoffnung und Trost bewahren einen Schatz, der nicht von hier ist, aber uns hier verwebt in ein sinnvolles Ganzes. Wo wir in Einzelschicksale zersplittern und jeder sein kleines Glück aus anderer Leute Leben meint rausquetschen zu müssen – da bewirkt Gottesdienst Zusammenhalt und Gemeinde. Da wird der haltbare Grund des Lebens bedacht, da gratuliert man einander zum schmerzlich schönen Menschseindürfen. Und bestätigt einander: Gut, daß du da bist.

Natürlich müßten die Gottesdienste festlicher sein, die Predigten zündender, Lieder begeisternder, die Gebete inniger. Anschließend muß es einen guten Kaffee mit Schnack und Beratung geben. Einmal im Monat besonders für die Konfirmanden und ihre Eltern und Freunde; einmal im Monat zentriert um ein Thema, einmal mit Chor, und viele bringen Instrumente mit – soll es doch scheppern in unseren Prunkscheunen. Einmal mit Kindergarten und vielen Taufen, einmal mit dem Altenclub und leckerem Essen – nicht jeder Gottesdienst muß ausgewogen sein. Wo im Quartier gibt es denn sonst noch einen so bürger- und problemnahen Treffpunkt mit so viel Menschenfreundlichkeit und Quellen der Phantasie.

Unser wichtigster Rohstoff ist Heiliger Geist. Wenn wir zugrunde gehen, dann am geistigen, nicht am finanziellen Existenzminimum. Ein Gottesdienst pro Woche – darauf haben die Menschen ein Recht. Und auch das Recht, nicht hinzugehen. Aber etwas lockender, vergnüglicher, stärkender soll's schon sein.

Wachsen uns Schwimmhäute?

Der Regen legt sich aufs Gemüt. So langsam kommt man sich wie im Aquarium vor. »Goldener Oktober« liegt vielleicht im Weinregal, aber uns geht der Tiefdruck ins Blut. Erstaunlich, wie unsere Seele selbst sich Regenhaut überzieht. Die schwarzen Mitmenschen, die es zu uns verschlagen hat, möchte man am liebsten um Entschuldigung bitten – dies schmuddelige, nieselige Wetter kränkt selbst uns Nebelvertraute. Am liebsten würde man wegfliegen, irgendwohin in den Süden. Vieles wären wir bereit zu geben für warme, sanfte Sonne.

Noch fließt das Wasser ja ab, noch kann von Sintflut keine Rede sein. Noch ist ja Wetterbesserung in Aussicht. Keine reißenden Fluten bedrohen unser Gut und Leben. Aber unser Inneres ist arg strapaziert. Kopfschmerz und Lustlosigkeit kriechen uns an. Wenn man wenigstens schon den Weihnachtsbaum leuchten lassen könnte. Doch, wenigstens einige Kerzen sollte man sich aufstecken. Und überhaupt mehr Licht ins Leben bringen, mehr Freude.

Mehr einladen, mehr umarmen, Sommergedichte lesen, mehr klären für sich selbst. Wenn draußen die Sonne lacht, sind wir bereit, vieles hinzunehmen. Die verhangenen Tage dagegen eignen sich gut, um klar Schiff zu machen. Einem mal die Wahrheit sagen, sie auch sich selbst mal sagen lassen, geradezu herausfordern Konfrontation und Klärung – das könnte wieder Helle ins Leben bringen. Und aufräumen, entrümpeln, verschenken, abstoßen; Hauptsache, weg mit dem alten Plunder aus verstopften Schränken und Schubladen. Wieviel Zeug steht rum in Kinderzimmern und Regalen. Längst nicht mehr angerufene Namen in unseren Adreßbüchern, sie sortieren, neu gewichten, neu auffrischen oder endlich verabschieden – auch das bringt, wenn nicht Sonne so doch mehr Klarheit.

Und wieder Stoff für die eigene Neugier sich genehmigen. Wer geht bei Sonne schon in Kirchen, Buchhandlungen, Kunstausstellungen? Wer bei linden Abenden ins Theater, in ein Konzert? Aber jetzt ist Neugierzeit, laß dich verblüffen. Tu was Erstaunliches. Laß dich nicht vom Trübsinn wegschwemmen. Du hast in dir Sonnenland, Juwelen der Erinnerung, Perlen der Vorfreude. Sonst erkämpf sie dir. Und schaff dir Schlechtes vom Hals, wenn's sein muß durch Reue und Bitte um Vergebung. Stifte Freude, gönn dir Gutes. Und einem Menschen gib Sonnenblicke. Wünsch wieder stark. Find was schön. Helle Gedanken machen, daß es uns nicht in den Kopf reinregnet.

Telefonieren ist Menschenrecht

Noch ist es nur ein Plan: Telefonieren im Ortsnetz statt jetzt 6 Minuten für 23 Pfennig bald eine Minute für 12 Pfennig. Also sollen 20 Minuten 2,40 DM kosten. Noch ist der zuständige Minister dagegen, die Zahlen sind auch schon abgeschwächt. Aber Widerstand ist allemal nötig. Denn das Telefonieren zu günstigem Preis ist in unseren Zeiten Menschenrecht. Wenn Menschen einen Anruf unterlassen müssen aus Geldmangel, ist das dramatisch. Der morgendliche Melderuf, daß man noch lebt, und der sich anknüpfende Austausch über Befinden. Wetter, Kochvorschläge, ist unmittelbare Notwendigkeit für viele Altgewordene. Der freundschaftliche Anruf einmal pro Tag ist für viele eine Nabelschnur zur Welt.

Ja, auch das Telefonnetz kostet. Es muß bezahlt werden von den Nutzern. Aber dieses Grundnahrungsmittel einer modernen Gesellschaft zugunsten anderer Dinge verteuern – das ist so mies wie ein Steueraufschlag auf Brot oder Wohnraum.

Genau solche Monstrositäten sind es, die Politikverdrossenheit besorgen. Wenn man die Telefongeführen über die nackten Kosten hinaus erhöht, kann man auch das Spazierengehen im Park künftig mit Gebühr belegen, um die Bundesbahn zu finanzieren. Oder Mineralwasser teurer machen, um die Elbe zu entgiften.

In Ruhe telefonieren können, das hat mit Gesundheit

und Wohlbefinden zu tun. Es darf nicht zu einer Gelegenheit für Geldschneiderei verkommen. Unsere Regierung beklagt zu Recht den Verlust von Zusammenhalt. Und sie sollte die Drähte kappen, die für viele die einzige Verbindung herstellen? Noch gehört die Telekom doch uns, den Bürgern. Einige Technokraten sind taub für die Skrupel vieler Menschen, die sich Erzählen und Plaudern künftig verkneifen oder es mit der Faust im Nacken tun, mit Angst vor der nächsten Rechnung, mit schlechtem Gewissen wegen Verschwendung.

Rauchen verteuern mag angehen, Benzin verteuern der Umwelt zuliebe ist sogar nötig. Wenn die Telefonzellen ihre Kosten nicht einbringen, kann man die Gebühren dafür erhöhen. Verteuert das Faxen zur Not. Aber das Miteinanderreden im Nahbereich noch mehr zu verteuern, ist zerstörerisch. Menschen, die noch den Ängsten der Nächsten zuhören können, wissen, wie Gespräche am Telefon Leben retten. Müssen die, die Leitungen und Geräte bereitstellen, tatsächlich an jeder Silbe, jedem Seufzer, jedem Trost und Geflüster mitverdienen? Es muß eine andere Möglichkeit geben als diese brutale Erhöhung, die wieder die Armen trifft. Das Telefon ist kein Luxus, sondern Besteck für Verstehen und Verstandenwerden.

Entweder werden wir fromm oder verrückt

Nur vernünftig sein, reicht nicht mehr. Denn die Vernunft muß Ziel, Sinn und Zweck vernehmen, um dann zielsicher, sinnvoll zweckdienlich handeln zu können. Zum Mond fliegen können wir, aber es hat keinen Zweck. Atomwaffen können wir bauen, aber es ist sinnlos. Bald hat jeder ein Auto, aber um Ziele zu erreichen, müssen wir es schon bald stehen lassen, wegen Verkehrsverstopfung.

Wir können Freunde verraten, Eltern sitzen lassen, Kinder durch Scheidung auseinanderreißen. Für einen Appel und ein Ei können wir betrügen. Können Fahrerflucht begehen, um die niedrige Prämie nicht zu gefährden. Können der Klofrau den Fünfziger nicht gönnen. Es ist zum Verrücktwerden, was an Bosheit, Gier und Trägheit uns passiert, als Opfer oder Täter oder beides gemischt. Man könnte wieder wünschen, fromm zu werden, könnte noch einmal oder zum ersten Mal Gott suchen.

Vielleicht sind wir ja allein in einem sinnlosen Weltall, das eben kein All, kein Kosmos (griechisch: Schmuck Gottes) ist, sondern zufällige Anhäufung von Material. Vielleicht sind wir Menschen ja auch nur Lappalien, Rülpser der Natur mit Faustrecht und Spinnkram im Kopf, je nach Lust und Laune.

Aber es könnte auch der Jesus Recht haben, der die Liebe als Sinn der Welt ausrief. Der die Kinder, die Freude, das Teilen, die Güte als Herzschlag des Lebendigen pries.

172

Der holte Gott aus dem Tempel heraus und verkörperte ihn als Freund, als Heilenden, als Beschaffer von Chancen. Mit seinem Glauben fängt man wieder an, die Welt zu lieben, den Nächsten nimmt man staunend wahr. Und auch sich selbst lernt man wieder leiden.

Wir brauchen nicht nur Fertigkeiten, sondern eine Wahrheit, der wir gehören, die uns Verbundenheit und Zuversicht einräumt. Wahr ist doch, daß wir Insassen des Lebens, nicht seine Meister und Macher sind. Das Vergnügen der Frömmigkeit steckt in dem Glauben, daß ich gewollt und geliebt und gebraucht bin vom Herz aller Dinge. Du eingeladen zu lieben und zu leiden, zu arbeiten und zu feiern, du mit Zeit und Begabung beschenkt – glaub das doch. Auch wenn du keine festen Bilder mehr von Gott hast, ist wer da, der dich will, dich für ewig wichtig nimmt. Deine Mühen mitträgt, dich mal ins unverletzbar Heile birgt. Und dich jetzt braucht, um es heller zu machen, wo du bist. Glaub das. Es könnte ein Irrtum sein. Aber lieber mit Jesus irren und geliebt haben, immer wieder, als verrückt werden, rücksichtslos, hoffnungslos. Fang die Reformation deines Innenlebens an. Deine Kirchengemeinde hilft dir. Probier sie wieder. Du mußt nicht an sie glauben. Nutze sie.

Was ist Wahrheit am Krankenbett?

Es ist ganz und gar erschreckend, todkrank zu sein. Es ist eines jeden ureigenste Entscheidung, ob und mit wem er über sein Schicksal sprechen will. Jeder weiß im Innersten, wie es mit ihm steht. Es täte ihm gut, davon reden zu dürfen, reden zu können. Dann wäre er nicht so allein mit seiner dunkel werdenden Zukunft. Aber er kann Scheu haben, den Tod herbeizureden; kann Ehrfurcht haben vor dem Übermächtigen. Er kann seine Nächsten schonen wollen; nicht wissend, daß sie längst wissen. Er kann sich schonen wollen aus Angst vor Abschied – solange man nicht dran rührt, kann man noch so tun, als würde alles wieder gut.

Vielleicht ist er auch bereit zu sterben, hat vielleicht sogar eine Hoffnung am Horizont, weit über den Tod hinaus – nur hat er keine Sprache, um davon zu reden; will auch seine Lieben nicht verletzen, die ja sein Einverständnis ins Sterben mißverstehen könnten als Absage an die bestehende Gemeinschaft. Gerade zwischen Eheleuten ist die Wahrheit am Krankenbett ein ganzes Geflecht aus Halten und Lassen. Niemals lieben sich Liebende so innig, wie dann, wenn sie von einander müssen. Alle Verwundungen sind abgetan, wenn Hand in Hand liegen zum ersten, letzten Mal. Dann gibt es eine beredte Stille, einen Raum behutsamen Schweigens, darin jeder für den andern betet, und jeder weiß es vom andern. Und es ist gut.

Aber es gibt auch eine Stummheit, die einsam macht, einsam läßt. Und sie mit Takt und sanftem Locken öffnen, das ist aller Mühe wert. Da gebührt vielen Ärzten und Schwestern und Pflegern, Seelsorgerinnen und Seelsorgern Dank für stellvertretende Treue und Freundlichkeit. Aber auch Verwandte und Freunde können von Glück sein, wenn sie endlich den Besuch wagen. Der Kranke will so gern reden. Vielleicht nicht mit dem Allernächsten, aber doch mit einem Menschen seines Vertrauens. Denn er muß so viel bedenken, und so lange es nicht geäußert ist, muß es innen wälzen und wühlen.

Darum Dank an all die, die Kranke aufsuchen und eine Zeit bleiben. Wenn sie dann die Stille aushalten, mal Freundliches sagen und hellhörig sind für Signale, wird der Besuchte die Möglichkeit zu reden nehmen, wenn er will. Oder beim nächsten Besuch. Jedenfalls gehört die Krankheit dem Kranken. Nur er hat das Recht, sein Maß an Wahrheit zu bestimmen. Denn er muß sie tragen, alle anderen gehen wieder weg an ihr Leben. Darum auch mal Dank an die Pflegenden. Sie sind die Weggefährten bis an die Tür, hinter der wir in alle Wahrheit geleitet werden.

Es ist, was es ist

Vor wenigen Jahren noch waren die Nachrichten eine Lust. Der Fall der Mauer, Deutschland im Freudentaumel – man konnte sich nicht sattsehen an den jauchzenden Bildern von erlösten Menschen. Gorbatschow war ein Heiliger jener Tage. Er pflanzte eine freundschaftliche Menschheit ohne Grenzen, ging mit Kohl Hand in Hand – und wir Deutschen halfen den Russen durch den Hungerwinter. Ja, da war die Tagesschau noch eine Freude. Katastrophenmeldungen waren Schönheitsfehler am Rande. Heute mag man nichts mehr hören. Eine Schreckensnachricht jagt die andere. Frau Christiansen von den Tagesthemen entschuldigt sich schon, keine besseren Meldungen bieten zu können. Wir werden uns daran gewöhnen müssen, daß mehr Kampf und Streit die Menschheit überzieht. Das ehemalige Jugoslawien rückte uns die Greuel nah. Beraubung widerfährt uns. Mit Gewalt muß jeder rechnen. Wir werden es alle knapper haben. Keine Grenze wird uns die Hungernden der Welt vom Leibe halten. Brutaler werden die Kämpfe ums Geld à la Herrn López. 1,5 Millionen Privathaushalte sind durch Arbeitslosigkeit, Krankheit, Scheidung überschuldet. Auch die Kirche wird ihr 30-Millionen-Defizit nur einmal noch aus letzten Reserven stopfen können. Es ist, was es ist.

Zahltag ist. Die Machtblöcke zerfielen und mit ihnen auch die Glaubensbekenntnisse, daß auf unserer Seite die

Wahrheit und der Fortschritt sei. Wiederentdeckt werden die nationalen Egoismen. Der Staat entlastet sich von Verantwortung. Schon begrüßt der Innenminister private Sicherheitsdienste. Vielleicht meint er's nur ironisch: Wer so viel hat, daß ihm viel zu klauen ist, der muß statt Freunden ungeliebte Wächter bewirten.

Wir werden ärmer, gefährdeter, bedrohter. Die Zeiten ändern sich. Überbevölkerung und Naturverknappung fordern auch von uns Verzicht. Aber was wir an Wohlstand verlieren, können wir an Menschlichkeit gewinnen, wie wir im Stau unsere Blechschachteln verlassen und miteinander sprechen. Durch Untermieter kommt neues Leben ins Haus. Vielleicht kochen wieder mehr Menschen zusammen, erziehen Kinder gemeinsam, teilen sich Auto und Waschmaschine. Die Rente der Großeltern bekehrt die Enkel wieder zu den Alten. Und auf wieviel können wir verzichten, von dem wir uns einreden, daß wir es brauchen. In einer deutschen Dreizimmerwohnung stehen mehr Sachen als in einem ganzen afrikanischen Dorf.

Viele trennt schon jetzt nur wenig von der Katastrophe. Die Armen sind die Pioniere der Zukunft. Je eher wir bei ihnen in die Lehre gehen, um so besser. Noch können wir aus Einsicht verzichten, gleich schon nicht mehr.

Totensonntag nutzen

Früher hat man vielleicht zuviel Gewese um die Toten gemacht, aber heute versickern Lebensläufe sang- und klanglos. Immer mehr Menschen werden »in aller Stille« beiseite geschafft, keiner Anzeige, keines Begräbnisses mehr für wertgeachtet. Kein Grabstein, kein Schmuck, kein Erinnern. Halten wir, die wir noch atmen, uns auch zum alsbaldigen Verfall bestimmt, wollen auch nur spurenlos entsorgt werden zu gegebener Zeit? Eigentlich nicht.

Denn wir ahnen doch, daß unsere irdische Existenz von langer Hand vorbereitet ist. Und daß wir die Ernte unseres Lebens irgendwo abliefern müssen. Wir sind doch nicht Biomasse, sondern Leib und Seele, gewollt hier auf Zeit, um dann wieder heimzukehren in ein Ewiges, Gutes, Ganzes. Auch wenn uns die Bilder verblaßt sind von Paradies und Himmel, hoffen wir unsere Toten im Frieden. Richtig, wenn wir nicht so oft zum Grab gehen. Die wir liebten, sind nicht da. Aber sie sind. Sie haben ein Wesen, anderswo. Sie mischen sich nicht mehr in unsere Angelegenheiten, sie sind von uns gegangen ins Herz des Universums, in die Liebe, in Gott. Ich jedenfalls kann ohne diese Zuversicht nicht klarkommen. Mein Dank und auch mein Versäumen wären ziellos. So aber darf ich glauben: Denen, die uns starben, wird erstattet, was Menschen ihnen schuldig blieben; ihre Sehnsucht nach Schönheit, Liebe, Vergebung wird ihnen gestillt.

Und ich muß nicht Versäumtes an ihnen gut machen, ihnen nachtragen. Ich darf mich dem Leben widmen, darf mit Lebenden Gutes austauschen. Und meine Zeit, meine Frist noch nutzen. Unsere Toten sind in guten Händen. Wir müssen uns um sie nicht mehr sorgen. Um so befreiender kann der Gang über einen Friedhof sein. Ich tu mir selbst Gutes, nähre meine Seele mit versöhnlichen Gedanken. Ich schau mir die Gräber an derer, die eines Gedenkortes für würdig gehalten wurden. Lese Namen, die Daten von kurzen oder langen Leben, suche Hinweise von Persönlichem, stoße auf Symbole: Das Kreuz als Pluszeichen, Herz, Anker, Engel, Hände ineinander, Lebensbaum, Schmetterling als Bote der Verwandlung.

Und Blumen – Pfand für Unvergessensein. Gar nicht garstig sind mir eingewachsene Steine, verblichene Schriften, pflegelose Gräber. Alles hat seine Zeit, Lachen und Weinen. Finden und Verlieren, Halten und Lassen. Und es ist gut so. Ein Gang über den Friedhof stimmt versöhnlich. Auch gut wird es sein, mal selbst gehen zu dürfen. Hoffentlich ist dann ein Lebensbogen ausgeschritten, und man hat Spuren hinterlassen, die Nachkommenden helfen, sich zurechtzufinden. Wir haben ja hier keine bleibende Stätte, sondern die zukünftige suchen wir.

Advent ist Hoffnungspower

Pessimisten scheinen klüger. Sie können es laufen lassen und sich hinterher rühmen: Hab ich's nicht gleich gesagt! Aber wir leben von Zuversicht. Jeder Schritt über die Straße braucht den Sog nach vorn. Jedes Verkaufsgespräch verlangt die Imagination des Erfolges. Jeder Brief schreit nach Gelesenwerden, jede Arbeit nach Bezahlung. Ohne den Produktionskredit Hoffnung rührt sich keine Hand, kann keiner genesen, keiner sich verlieben, keiner eine Wohnung finden.

Es ist Hoffnung in der Welt. Wir werden nicht nur von hinten geschoben durch Hunger, Angst, Gier. Wir werden auch nach vorn gezogen von Sehnsucht, Träumen, Visionen. Und die stärkste Vision ist der Mensch, wie ihn der Jesus vorgelebt hat – freudefähiger, liebenswerter, versöhnter. Weil das Schicksal mit uns Verwandlung zum Besseren vorhat, letzlich auch durchs Sterben hindurch, sind wir Kandidaten des Glücks. Wenn wir nur nicht auf Scheitern setzten, nicht den Elan uns abhandeln ließen, immer wieder!

Advent steckt uns ein Licht auf, daß es nicht dunkel bleiben soll über uns geängstete Menschen. Wir sind voll Verwandelkraft. Wir sind doch Projekte der Liebe, jeder eine kleine Freudefabrik Gottes. Wenn wir nur das Jammern ließen. Das Mäkeln saugt uns die Kraft zu leben aus dem Mark. Immer wissen wir Schuldige an unserer Misere zu benennen. Aber hab ich denn alle Kraft an die Verbesserung meiner Situation gesetzt? Das Leben ist keine Nuß, die sich zwischen weichen Kissen knacken läßt.

Klug und ohne Falsch, fleißig, zärtlich, großzügig zu sein – so willst du dich doch auch. Was hindert dich? Genau dies in Angriff nehmen, ist jetzt dran. Den nötigen Mut, die nötige Beharrlichkeit nimm aus Advent: Der Anlauf zur Geburt Christi ist auch der Start zu deinem Neuanfang mit dir selbst. Noch 27 Tage bis Weihnachten. Bis dahin hast du aufgeräumt oder Frieden geschlossen oder die längst fällige Trennung vollzogen oder Arbeit angenommen, fast egal welche. Fast jede ist besser als keine. Oder hast dich endlich wieder deiner Eltern erbarmt oder den Besuch, den so lange hinausgezögerten, endlich getan, oder, oder…

Heute tu den ersten Schritt deines Adventes, deiner Verwandlung. Es einfach laufen lassen, mutlos, pessimistisch, ist nur Selbstzerstörung. Du hast ein Recht auf mehr Glück, schon jetzt. Aber deine Kraft ist Bestandteil der Heilungsenergie. Ohne dich, gegen dich ist dir hier nicht zu helfen. Nimm deine kleine Kraft und bitte, suche, biete dich an, denk gut von dir und dem Nächsten, den du triffst. Nur wenn wir zu hoffen aufhören, kommt das Schlimme bestimmt.

Spenden ist Liebe bar

Hab doch keine Scheu, jetzt vor Weihnachten mehr Gutes zu tun als sonst. Ja, jetzt bitten die Hilfs-Aktionen sehr dringlich und zielen auf unsere Nächstenliebe. Wir sollten dies nicht unwirsch abtun als Störung, sondern ihnen danken. Und beispringen. Denn wenn wir uns fürs innigste Fest des Jahres rüsten, schreit auch Armut und Hunger uns um so garstiger an.

Früher ging man vor Weihnachten »seine« Bedürftigen besuchen und brachte Überlebensmittel. Es war da eine ungeschriebene Solidarität derer, die mehr hatten mit denen, die weniger hatten. Je wohlhabender, desto verpflichteter – getreu dem Bibelwort: »Wem viel anvertraut ist, von dem wird viel erwartet.« Heute – Hand aufs Herz – wie viele Notleidende beschenkst du persönlich? Ich jedenfalls nur drei, vier. Weit bleibe ich hinter meinen Möglichkeiten zurück. Auch, weil ich mich scheue, die Ärmsten mir in die Nähe zu ziehen. Um so lieber gebe ich im Vorübergehen für »Brot für die Welt« und für die »Suppenküche Moskau«, die mein Freund, der pensionierte Pastor Gunnar von Schlippe, völlig selbstlos dort betreibt (Konto: Diakonisches Werk H H, Haspa 1235 / 127 600, BLZ 200 505 50). Die Gaben an Hungernde in der Ferne versteh ich als sehr persönliche Wiedergutmachung meines Profitierens an den ungerechten Machtverteilungen unter uns Menschen.

Fair gehandelter Kaffee müßte doppelt so teuer sein, damit der Pflücker von seinem Lohn seine Familie bescheidenst ernähren kann. Ich kämpfe politisch zu wenig für Gerechtigkeit. Darum will ich wenigstens ein gutes Stück Geld mir losreißen. Warum wir gerade zu Weihnachten großzügiger sind, kommt davon, daß wir uns als Beschenkte ahnen. Auch wenn uns Christi Geburt im Kopf kühl ließe, bleibt doch das Kind in der Krippe eine Ikone unserer Seele: das Herz aller Dinge hungrig und frierend – und ich kann sein Retter sein.

Solange uns das bedürftige Kind als Mitte der Welt gilt, ist unsere Menschlichkeit nicht zum Teufel. Vielleicht ist auch ein Hauch Freikaufen dabei. Aber eigentlich, wenn ich meine Lieben zum Fest beschenke, will ich auch nicht mich loskaufen von Freundlichsein übers Jahr. Vielleicht möchte ich wenigstens einmal so sein, wie ich gern das ganze Jahr wäre. Warum machen wir unsere Güte also madig? Warum gehen wir mit unserer kleinen Nächstenliebe so verächtlich um, daß sogar wir selbst sie uns ausreden mit faden Argumenten? Den Hungernden vor deiner Tür würdest du nicht verhungern lassen. Also bringst du »Brot für die Welt«. Weil du nicht daran sparen willst, daß die Hungernden zu kraftlos sind, um deine Liebesgabe persönlich zu holen... Das ist doch logisch. Es ist die Logik des Herzens. Sie ist dir vertraut. Sie ist dir nah.

Die Lust, Freude zu machen

Es gibt ein paar Wunder, die das Leben überhaupt erst ermöglichen. Ohne die Schwerkraft zum Beispiel flög alles davon in den Weltraum. Ohne Blattgrün gäb's keinen Sauerstoff. Und ohne die Lust, Freude zu machen, wär die Menschheit längst ausgerottet. Natürlich ist der Überlebenstrieb stark, auch Sexualität in vielen Schattierungen lockt uns auf sanfte starke Weise zueinander, was unseren Zerfall in einzelne, vereinsamte Wesen verhindert. Aber die Lebensfreude, jener Seelenstoff, gern ich, gern du zu sein, der wird von einer ganz erstaunlichen, ganz wunderbaren Lust in die Welt gesät. Und das ist die Lust, anderen Freude zu machen.

Die staunenden, beseligten Augen der Enkel sich vorstellen – das treibt doch die Großeltern in die Läden. Das Glück des geliebten Menschen imaginieren, wie er ungläubig das Nieerahnte auspackt – das ist doch noch größeres Glück. In armer Zeit lief ein Mensch die ganze Woche vor Weihnachten hin zum Jahrmarkt in die Vorstadt und verdingte sich als Schießbudenfigur – die Besucher warfen nach ihm unter Gejohle mit strohgefüllten Stoffbällen, und wer sein Gesicht traf, bekam einen Preis. Es tat ihm nicht besonders weh. Nur manchmal war der Haß zu spüren, der den Ball zum Geschoß machte. Dann merkte er, daß er den Leuten als Ersatz diente für quälende Zeitgenossen, denen sie so gern mal eins verpaßt hätten. Das gab ihm insgeheim das Gefühl, Leidender für andere zu sein und er fand die Welt ziemlich traurig. Aber morgens an Heiligabend, damals hatten die Banken noch auf, hatte er seine Summe zusammen, und er ging, all die schmutzigen Lappen in einen nagelneuen Hunderter zu tauschen. Und den überreichte er mit einer etwas altmodischen Verbeugung seiner lieben Frau unter dem kleinen Baum, und es soll ein rauschendes Fest geworden sein. Die Geschichte von Jo H. Rössler hat mich schon in meiner Kindheit sehr bewegt. Sie beschreibt diese Kraft, sich Mühen aufzuladen und Verzicht zu leisten zugunsten einer großen Hoffnung: daß der andere sich freut.

Sicher will die Liebe nicht, daß der andere sich für einen abmüht. Aber ein Stück Phantasie darfs schon sein, ein Teil Zeit, einige Energie – das ist es doch, was wir verschenken, wenn wir Freude schenken. Und Zeichen, daß wir seiner Mühe wert sind, suchen wir doch insgeheim auch beim Andern. Gönn dir, daß du anderen der Mühe wert bist. Du bist doch auch in Gedanken viel mit ihnen beschäftigt. Überhaupt denken wir ja viel mehr aneinander, als wir es uns sagen. Freude muß nicht viel Aufwand treiben. Aber kleine Signale: Du, gut, du, mir lieb, die sollten wir uns schon aufstellen. Es gibt schon Zweifel genug.

Was Weihnachten mit uns macht

Wir sind auch das Ergebnis all unserer erlebten Weihnachten. Unser Kinderglück bleibt verknüpft mit überraschenden Geschenken. Freude und Tränen unterm geschmückten Baum, sie bleiben bei uns. Die erste Liebe bleibt aufbewahrt im gebastelten Kästchen. Der Luftschutzkeller ragt noch ins Gedächtnis und das erste Fest mit eigenen Kindern. Oder das erste Weihnachten wieder bei den Eltern, nach der Trennung.

Und wie wird es diesmal? Es wird auch wieder typisch. Wie ich Weihnachten feier, so bin ich, jetzt. Auf jeden Fall bin ich sehnsüchtig nach Frieden, und will jemandem etwas bedeuten, will mich spüren als gut und wichtig. Darum ist das Kind in der Krippe als Brennpunkt der Weltgeschichte einzigartig wunderbar. Es zieht nicht Licht auf sich, sondern erleuchtet die Beschauer. Sein Leuchtfeuer hebt unsere Antlitze aus der Mattigkeit. Tiefgeliebte von Großem sind wir – dies Wissen durchflutet uns, aus welch weiter Ferne uns die Weihnachtsbotschaft auch anrührt. Viele Aktionen stoßen uns in den Irrglauben, wir seien unsere Macher und Schöpfer. Aber das Kind in der Krippe zwingt die Macher und Täter in die Knie.

Jedes Neugeborene hat dies leuchtende Wissen wie einen Heiligenschein um sein Haupt: Gut, daß ich ich bin und bei euch bin mit dieser heiligen Botschaft: Leben ist gottvoll, Lieben ist sinnvoll, Freude ist in der Welt. Hol du sie ans Licht. Und so erleb Weihnachten als neue Aufführung des ewig jungen Dramas: Aus Nacht und Schmerz und Dunkel kommt das Leuchten Gottes zur Welt und lichtet auch deine Misere: Auch für dich ist ein weiter Horizont von Hoffnung und Trost. Über dir steht der Stern von Bethlehem und bezeichnet dich als Herberge Gottes. Deine Seele ist Krippe des leuchtenden Kindes. Du hast Kraft, ein Stück dein Leben zu ändern. Tu dir Weihnachten an. Setz dich der Einstrahlung der guten Botschaft aus. Tu Freundliches, laß dir Freundlichkeit geschehen.

Bleib auf keinen Fall allein. Lade welche ein, verabrede dich. Mach in den nächsten Tagen Besuche. Überrasche Menschen, mach sie staunen, was alles in dir steckt. Vor allem: Bedenk noch mal deine Grausamkeiten. Sind die Beleidigungen und Verletzungen noch aktuell, oder kannst du dich versöhnen? Das wär das stärkste Weihnachten überhaupt, wenn du Frieden machtest. Einfach hingehst, klingelst und sagst: »Ich bitte euch um Frieden. Ich hab euch doch viel lieber, als meine Frechheiten es zeigten. Das war alles Notwehr. Kommt, laßt uns einander wieder vertragen.« Jede Wette: Sie fallen dir in die Arme. Wohlgefallen aneinander ist uns verheißen. Leben wir's!

Gleich wirst du ein anderer Mensch

Wo liest du dies gerade? In der U-Bahn, im Coffee-Shop? Jedenfalls wohl irgendwo dazwischen, auf dem Weg irgendwohin. Noch eben ein Verweilen zwischen Pflichten, Entscheidungen, Terminen. Noch mußt du dich mühen, noch funktionieren, besorgen, beschaffen, noch vorbereiten, noch eilen.

Wenn du eilig bist, mach einen Umweg, sagen die Chinesen. Dies hier lesen ist so ein Umweg, ein Kräftesammeln für gleich. Denn gleich soll dich Weihnachten erreichen. Und du kannst es nicht machen. Du kannst die Dekoration bereitstellen oder bewußt auf sie verzichten, du kannst Beschenken oder das Alleinsein suchen. Aber du willst dich gleich verwandelt fühlen. In dir soll ein Stern aufgehen. Eine Klarheit, eine geistige Geborgenheit soll dir widerfahren in dieser wunderbaren Nacht. Von keinem Tag im Jahr erwarten wir so viel. Und können doch nicht sagen, was. Die Urszene der Menschheit steht dir in der Seele: ein Elternpaar, Dunkel, ein Neugeborenes, leuchtend, in sich selbst vergnügt. Und du bist Betrachter dieses Gnadenbildes. Dir wird warm, ganz tief von innen. Das Kind schaut dich an, und du weißt: Das Leben ist gut, weil es voller Hoffnung ist. Eben hast du noch dich verstrickt gesehen in Schuften und Leisten, warst ungehalten über Versagen und Familienkrach und vergebliche Mühe. Und als würde ein Vorhang weggezogen, siehst du dich in einer anderen Rolle: Du, Kumpan des leuchtenden Kindes, du, liebevoll, dankbar, begabt mit Energie, eine Schutzmacht des Bedürftigen.

Behutsam nimm diesen Tag an. Laß die Mühen ausklingen, ordne und glätte noch einiges. Dann besorg dir Stille, eine festliche Empfänglichkeit für das Gutsein des Lebens. Teil mit einigen deine Freude, strahl Frieden aus, glaub an das Christuskind in dir, spür den Glutkern Gewißheit, daß du selbst Sohn/Tochter Gottes bist, dem Jesus nach. Halt viel von dir und deinem Nächsten, merk deine Sanftmut, dein Bedürftigsein und deine Zuneigekraft. Und schau Menschen in die Augen, verweil, laß dich anschauen, nimm einen Augenblick geteilten Glückes. Heute ist mehr als sonst ein Wissen bei uns, daß wir im Grunde unsrer Seelen zusammengehören. Nimm heute nichts übel. Halt keinen für böse, es ist nur viel zerstreute Energie in uns, die noch von der Liebe eingefangen werden muß. Es ist so viel Enttäuschung bei uns, viel falsche Fährten, Angst und Stummheit. Doch du, gib und nimm gute Worte.

Weißt du noch das Versprechen, das mit Jesus in die Welt kam? »Ehre sei Gott und Friede auf Erden und den Menschen ein Wohlgefallen aneinander!« Irgendwie leben wir alle von diesem Lebenszunder, diesem Hoffnungskredit. Nimm ihn in Anspruch.

Glaubwürdigkeit – ein knappes Gut

Bischöfin Jepsen hat sich vehement für Arme in Hamburg eingesetzt. Und wollte jetzt ein Haus beziehen, das für eine Million von der Kirche neu angeschafft wurde. Zeitgleich muß die Kirche eisern sparen. Ein klarer Mangel an Glaubwürdigkeit?

Objektiv ist das Haus, in dem der Vorgänger wohnte, nicht geeignet für einen Beruf mit Öffentlichkeitsauftrag. Jedes normale Pfarrhaus kostet an die Million. Und Maria Jepsen betrachtet Hamburg als ihre Gemeinde. Sie hat ein Recht, wenn nicht gar die Pflicht, Räume zu bewohnen, die Privates und Dienstliches unter einem Dach ermöglichen. Natürlich hat sie auch Diensträume im Kirchenhochhaus Neue Burg. Aber da geht man in Steuerangelegenheiten hin und kaum zu vertrauensvollen Gesprächen.

Hätte man gleich das feingelegene Vorgängerhaus verkauft und dafür ein neues besorgt, hätte keiner Anstoß genommen. Aber Kirche schaffte ein weiteres Haus an, obwohl eisernes Sparen sich alle vorgenommen haben. Und das ist fragwürdig.

Natürlich spitzt die Presse zu. Das ist ihr Geschäft. Erst von den Medien gehätschelt, bekam die Bischöfin jetzt Schläge. Und wer zuerst ausholte, war ein maulender Pastor, der eine Frau im Bischofsamt partout nicht verknusen kann, aber selber auch nicht ungünstig wohnt.

190

Bei allem Ungeschick und Grausamen hat der Streit doch sein Gutes. Kirche wird drängender, als es uns Amtsträgern lieb ist, befragt. Müssen die Pastorate noch auf Fünfpersonen-Haushalte zugeschnitten sein? Wollen die Menschen noch einen jederzeit erreichbaren seelsorgenden Menschen? Die günstige Miete ist ja ein Ausgleich für die Pflicht, (fast) immer da zu sein. Und wie sind die Erfahrungen mit Pastoren, wenn man abends oder nachts einen aufsucht, unangemeldet? Sollen die Theologen mindestens so akademisch gebildet sein wie Studienräte? Müssen darum die Gehälter auch staatsgleich sein? Bekommt auch Kirche leitungsfähige Leute nur, wenn sie mit mehr Geld die anfallenden Strapazen prämiert? Wollen wir Bischöfe mit so vielen Terminen, daß sie Dienstauto mit Fahrer haben müssen? Ja, wieviel Aufwand braucht das Evangelium überhaupt, wie viele Kirchen, neue Orgeln, wieviel schöne Kursangebote, Plakate, Schriften, Geräte?

Und weiter: Was sagt das, wenn ärmere Kirche gewollt wird? Bricht sich die Ahnung Bahn, daß wenigstens die, die mit Ernst Christen sein wollen, dem Jesus ähnlicher sein sollen? In Freude, Glaubensmut, Sorglosigkeit, Verschenkelust, Bereitschaft zu Verzicht? Vielleicht hätte dann Kirche weniger Erfolg, aber mehr Glaubwürdigkeit, mehr Wirkung. Doch wir alle haben nur die Kirche, die wir mitbauen. Sie kann nicht besser sein als wir selbst. Und unser aller einzige Chance ist Vergebung und Lernfähigkeit und mehr Phantasie. Auch kann man Glaubwürdigkeit nicht von anderen einklagen. Sehe jeder zu, sein ihm mögliches Maß auf die Waagschale des Lebens zu bringen. Wer sein Haus den Armen verschenkt, der werfe den ersten Stein. Wer sein Geld an die Armen verteilt und mit unter die Brücken zieht, ist ein Heiliger. Wir müssen keine sein und haben auch keine heiligen Bischöfe verdient.

Die Beute eines Jahres

Gelacht, geweint, gelitten, geflucht, geeint, gestritten, geliebt, verbraucht, geschuftet haben wir – war das ein Jahr! Und keiner will's noch einmal wiederholen. Weil wir alle auf ein neues, anderes hoffen. Aber einfach wegspülen, einfach wegdrücken und abhaken darf man das alte Jahr nicht. Jeder hat gelitten und Anwachs mitgenommen. Jeder ist mehr er selbst geworden. Wenigstens einige Gedankenbeute müßten wir doch uns sichern, einige Gewißheiten rüberretten ins neue Jahr. Auch, um nicht genau die gleichen Fehler wieder zu machen, sondern andere, frische.

Ich hab wieder gestaunt, daß viel mehr Gutes als Schlechtes in der Welt ist. Ja, viele Meldungen drehten einem den Magen um. Und herzzerreißend sind die Tragödien nah und fern. Aber wieviel Mühe, wieviel Hand in Hand Gelungenes ist auch da. Und wieviele waren redlich, wurden keine Fieslinge, wieviel Fairneß und Fürsorge ist doch in der Welt. Und die Meldungen zaghaften Versöhnens im Nahen Osten und in Südafrika! Die Schlagzeilen treiben's einem den Rücken rauf und runter. Wir brauchen anscheinend unsere tägliche Portion Grusel. Aber wieviel normales Alltägliches füllte unsere Tage, wie dankbar darf ich zurückblicken auf ein ganzes Jahr. Ich will dies blöde Maulen übers Leben lassen.

Manchmal ist man in sich selbst so biestig, daß man wegen eines Fehlers gleich die ganze Seite rausreißen will, die ganze Welt zum Teufel wünscht. Daß dann ein Mensch mich zur Vernunft brachte, oder der Schlaf, ein Buch, Musik oder ein Stück Landschaft mich besänftigte, war ein Glück. Wieder bin ich glimpflich durch den Verkehr gekommen. Ich will die Engel weniger strapazieren. Und kein furchtbares Vergehen, keine üble Schikane, keine miese Intrige.

Und die Gesundheit? Ich staune, daß noch alles hält. Und die Abschiede, die Verluste, das Ende von Täuschungen? Ja, wir zahlten Lehrgeld für Nachlässigkeit und Argwohn. Wir verletzten und wurden verletzt. Allein das blöde Geschwätz, die verlorene Zeit, als hätten wir endlos zu leben. Dabei spürten wir, wie schnell die Frist abreißen kann. Müßt' ich morgen gehen, hätt ich den Arbeitsplatz meines Lebens sauber hinterlassen? Wieviel ist noch offen, ist nicht gesagt, nicht bezahlt, nicht bereinigt.

Ach, Herr der Zeit, gib mir noch ein Jahr und mehr! Wer denkt das heute nicht? Und die Liebe, das zärtliche Verflechten, das freundschaftliche Teilen – war es nicht wunderbar? Die Glücksaugenblicke, gerne ich zu sein, was haben sie mich wachsen lassen. Wieder ein Jahr kam ich mit mir aus, vom Leben ertragen. Gott sei Dank.

Ein Engel berührte uns

Wohl kein Schmerz zerreißt mehr, als ein verlorenes Kind. Wenn zwei so lange sich gesehnt haben, drei zu werden, wenn sie sich so lang dem Leben wunschvoll hingehalten haben und die Schwangerschaft lustvoll, mühevoll bestanden, Großeltern und Freunde schon alles herbeigebracht haben – und dann kann das Kind nicht auf der Welt bleiben, ist das nur Bitternis und pflügt die Seele vor Jammer um.

Die Ärzte sagen: »Biologische Gründe«, alles recht und richtig. Aber die Liebe der Eltern weiß mehr. Sie ahnen, daß ein Engel sie besucht hat und nicht hier bleiben konnte. Eben weil es die Erdenschwere nicht vertrug. Es hatte zuviel Heimweh nach unser aller Heimat. Es hat nur diese Erde kurz berührt und sie für sich nicht gut befunden. Es hat auch seinen Auftrag schon erfüllt: Die beiden Menschen anzustecken mit viel tieferer Liebe zueinander. Und hat ihnen Wehmut ins Herz gelegt, die Hintergrund aller echten Freude ist. Wir alle sind nur Gäste hier. Unsere Zeit ist Frist voller Hoffnung auf Erfüllung. Aber wir bekommen hier nur Vorschein, Vorwort, Vorgeschmack, eben Vorfreude, Vorläufiges bis wir zurückkehren ins Ewige.

Viele Menschen gewöhnen sich an diese Erde, als gäb' es nichts weiter. Andere haben wenig Schwerkraft und viel Fliehkraft. Sie sind verschreckt vom Tohuwabohu des Lebens, bauen sich ihre Reiche aus Melodien, Farben, sprechen mit den Tieren. Sie bekommen dann gesagt: »Du bist wohl nicht ganz da!« Und dann lächeln sie, als wären sie wirklich vom andern Stern und hätten sich hierhin bloß verirrt. Und einige Kleine fangen gar nicht erst an, hier Wurzeln zu schlagen. Aber sie werden dem Himmel ausrichten, wie bereit die Eltern waren, ein Kind Gottes zu empfangen und es mit Hingabe ins Leben einzuführen.

Und die Eltern, die loslassen mußten so viel Zukunft, so viel Glück, das aller Mühe wert ist, sie werden ihre Liebe an Kinder ausgeben wollen. Ob sie selbst gebären oder in Pflege nehmen oder adoptieren oder sonstwie Retter werden für kleine Menschen, steht dahin. Doch sie werden angesteckt bleiben durch ihren kleinen Engel von einer glühenden Lebensinbrunst. Sie wollen sorgeberechtigt sein, wollen sich mühen, daß ein anderer Mensch mit ihrer Hilfe gedeiht. Dies Kind hat in seinen wenigen Erdentagen das Leben der Eltern unendlich bereichert. Es hat sie zu intensivstem Warten und schmerzlichstem Loslassen genötigt.

Ja, es bleibt die Wunde lebenslang, daß dieser, genau dieser einzigartig wunderbare Mensch nicht wachsen, blühen, Frucht bringen und wieder verblühen durfte mit uns. So gern hätten wir ihm zugeschaut, ihm Freude gegeben, von ihm Freude genommen. Es hat nicht können sein.

Was aufbaut und nicht gefangen nimmt

Allein die EG-Verordnung über Kunsthonig umfaßt viele Seiten. Und warum alle diese Lebensmittel-, Miet-, Arbeits-, Verkehrs-, Steuerrechte? Weil unser Zusammenleben immer komplizierter wird und nicht mehr aus reinem Herzen von selbst gelingt. Doch je engmaschiger die Gesetze, desto mehr Lücken. Weil immer engmaschiger die Netze geknüpft werden müssen. Und die von Hab- und Raffgier Besessenen sind trickreich. Sie teilen sich, verflüchtigen sich in Gesellschaften und Konzernverflechtungen, hausen in Briefkastenfirmen, sind glatt und kaum zu greifen. Verantwortung ist oft nicht zuzuweisen, Beschwerden sind kaum zustellbar. Und was hinzukommt: Das Dickicht der Verordnungen verschafft Betrügern immer raffiniertere Tarnung und noch gerissenere Anwälte. Im Kleinen haben wir das alle schon mitgemacht. Wer Liebe kontrollieren will oder Kinder mit Druck in Schach hält, der macht nur listiger. Wenn wir menschlicher miteinander umgehen wollten, hätte der alte Apostel Paulus ein herrliches Rezept: »Alles ist erlaubt, was das Ganze aufbaut und nicht gefangen nimmt« (1. Korinther 6,12). In Schlangenlinien zu fahren, baut nicht auf, doch Rechtsfahren dient dem Verkehrsfluß, an dem ich teilnehme. Auch vorsichtiges Überholen nützt dem Ganzen, weil es nicht alle zu gleichem Tempo zwingt. Und Freundschaften neben der Ehe, die das Besondere der ehelichen Gemeinschaft nicht berühren, tun allen Beteiligten gut. Auch Geld verdienen können baut auf. Andere in Arbeit bringen, daß sie sich nützlich machen, stärkt das Gemeinsame bis in die letzten Verästelungen der Rentenversicherung. Aber nichts soll mich gefangen nehmen, nicht Überhollust, Freundschaftslust, Verdienerlust. Wie aber finde ich meine Grenzen? Je mehr er hat, je mehr er will – das ist schon eine unserer Schlagseiten. Aber sie ist nicht von vornherein schädlich. Die Lust, es bequemer, günstiger, sicherer zu haben, hat uns Haus, Teppiche, Heizung erst erfinden lassen. Und die Freude an Freundschaft ist wohl einziges Mittel gegen Haß, der aufsteigt aus bösemachender Selbstverachtung. Jeder weiß innen, daß er sich nicht mehr rausnehmen darf, als er reintut. Die Grenze meiner Arm-Freiheit endet um einiges vor des andern Nase. Betrüger werden betrogen, Lügner belogen. Entweder wir werden uns noch mehr Gesetze geben, und noch argwöhnischer belauern und kurz halten. Oder wir nehmen die Erlaubnis zur Freiheit an, die aufbaut und nicht gefangennimmt. Nicht abhängig machen, nicht abhängig werden, einander fördern und nutzen - soviel Gutes wie möglich tun und nur das unvermeidliche Böse – so kämen wir weiter zu einer friedlicheren Welt. Heute tu nichts gegen dein Gewissen, paß auf dich auf.

Stichwortverzeichnis